バリュー投資家のための

「米国株」データ分析

ひと握りの優良株が
割安になるときの見分け方

複利のチカラで億り人-ひろめ・著

技術評論社

まえがき

　25年以上連続増配銘柄の分散投資は、インデックス投資より低リスクかつ高パフォーマンスな実績があることをご存じでしょうか？

　たとえば、本書で詳しく紹介する「配当貴族指数」のトータルリターンは、S&P 500指数を長期的に上回ってきたという事実があります。そのうえ、不況になったときの株価下落率がS&P 500指数より低い傾向にあることもわかっています。

　本書は、投資本によくあるインデックス投資が最適解であることを主張する書籍とは一味違います。

　「優良米国株×バリュー投資」で、インデックス投資のトータルリターンを長期的にアウトパフォームするための方法が書かれた書籍です。

　そのうえ、米国株の配当にかかる税金を最小限にする方法についても解説しています。

本書で学べること

- インデックス投資に勝てる再現性の高い方法
- 米国株で発生する配当／分配金の二重課税を解消する知識

　本書は前半部分と後半部分で大きく２つに分かれます。前半部分の第

1章〜第3章では、平凡な個人投資家がリスクを抑えて市場平均（S&P 500指数）をアウトパフォームする方法を紹介します。

「米国株×連続増配銘柄×バリュー投資×均等分散」を組み合わせた理論的根拠のある投資法になります。

後半部分の第4章〜第5章では、米国株の配当／分配金にかかる税金の仕組みを解説します。

ドル建てETFから分配金を受け取る際にも使える知識なので、すべての米国株投資家に知ってほしい内容となっています。

◉ 各章の概要

章ごとに何が書いてあるかを把握できるように、各章のテーマを端的にひとことで表現します。

各章のテーマ

- 第1章 ： 連続増配銘柄
- 第2章 ： バリュー投資
- 第3章 ： データ分析
- 第4章 ： 配当税率
- 第5章 ： 配当金生活

第1章は、「優良株に投資する再現性の高い方法＝25年以上連続増配銘柄に投資する」というのが結論です。

連続増配の定義というのは複数あるので、そのことについても詳しく解説しています。連続増配銘柄の全体像を本質的に理解してもらうため

の章になります。

　第2章は、「理論的に割安株を見分ける方法」と「バリュー投資の具体的実践術」が書かれています。

　理論的に割安株を見分ける方法は、過去データの数値をもとに判断するだけでいいので平凡な個人投資家でも再現できる実用的な方法です。

　バリュー投資の実践術では、リスクを抑えてインデックス投資以上のリターンを得るための運用ルールを解説します。運用ルールに基づいて機械的に行動するだけなので、こちらも再現性の高い方法になります。

　第3章は、Excelを使った米国株のデータ分析についてです。米国株のバリュエーション判断で必要な各種指標（PER／PSR／PBR／配当利回り／配当性向）のデータ分析手順を1つずつ解説します。

　読者特典『米国株データ分析サンプルファイル』を見ながら読むことでデータ分析の手順が理解しやすくなります。ぜひダウンロードしてみてください。

　第4章は、米国株の配当／分配金から源泉徴収される二重課税を解消する方法についてです。具体的にどうやったら米国株の配当税率を最小限にできるのかについて本質的な思考プロセスをお伝えします。

　もし米国株の配当税率を下げる方法を知りたいときは、この章だけ読むのもOKです。

　第5章は、配当収入しかないときの配当税率と社会保険料を同時に最大限抑える方法について解説します。

　配当金生活をするときの配当税率と社会保険料が具体的にいくらくらいになるか試算した結果もあるので、配当金生活に興味がある人にとってはかなりおもしろい内容になっていると思います。

ここまでの説明からわかるように本書の内容は章ごとにまとまっていて、どの章から読み始めても大丈夫なようになっています。第1章を読まないと第2章が理解できないなんてことはないので安心してください。

　日常で本を読む時間を取ることが難しい人も多いと思います。気になる章だけピックアップして読むことができるので、ブログを読むような気軽さで楽しんでもらえたらと思います。

　本書の作成には1年以上の時間がかかりました。その甲斐あって、これまでにない1冊が仕上がったと自負しております。それでは、本編をお楽しみください。

読者特典『米国株データ分析サンプルファイル』&
『米国株配当集計Excelシート』のダウンロード方法

　読者特典として2つのExcelファイルを用意しています。

　1つ目の『米国株データ分析サンプルファイル』は、米国個別株のバリュエーション推移を可視化するためのものです。株価のバリュエーション判断にお役立てください。

　2つ目の『米国株配当集計Excelシート』は、外国税額控除で入力が必須となる項目にあわせてシートが作成されています。確定申告で外国税額控除を申請する際にご活用ください。

　読者特典『米国株データ分析サンプルファイル』及び『米国株配当集計Excelシート』は下記よりダウンロードできます。

URL https://hiromethod.com/special-favor

QRコードでもURLが読み取れます。

「パスワード」は下記を入力してください。

PASSワード：fuku-chika

　読者特典のご利用には、Office 2007またはExcel 2007以降のバージョンが必要です（Windows、Mac OS両対応）。

　なお、読者特典の著作権は筆者に帰属します。その全部または一部を改変して再頒布することは法律により禁止されています。

第 **1** 章

ひと握りの優良株に 投資する方法

第2章 バリュー投資の実践術

第3章

「米国株」データ分析の手順

3-3 PSR（株価売上高倍率）推移を算出してグラフ化する手順　138

3-4 PBR（株価純資産倍率）推移を算出してグラフ化する手順　147

第 4 章
配当にかかる
税金の知識

第 5 章

米国株と配当金生活

ひと握りの優良株に
投資する方法

長期投資では優良株に投資できるかどうかが最終的な
トータルリターンに大きな影響を与えます。これから
紹介する優良株の見分け方は、非常にシンプルかつ再
現性の高い方法でありながら、理論的根拠も兼ね備え
ます。

優良株の長期的な実績データを目の当たりにすると市
場平均をアウトパフォームできる実感が湧いて、きっ
とあなたも優良米国株に投資したくなるはずです。

優良株の見分け方

 優良株の条件

あなたは優良株と言われてどんな条件を思い浮かべるでしょうか？

人によって優良株の条件は様々ですが、本書では長期投資を前提に優良株を次のように定義します。

優良株の条件

- 株主還元に積極的であり続ける
- 不況に強くて業績が安定している
- 1株あたりの価値が長期的に上がり続ける
- 一時的に業績が停滞しても結局は持ち直す
- 参入障壁（ワイドモート）の高い事業活動を行っている
- 長期的なトータルリターンが市場平均（S&P 500 指数）を上回る

長期投資の恩恵を受けるには、上記のような優良株を売却せずに保有し続けることが何より大切です。

株式市場の暴落で一時的に含み損を抱えたとしても優良株を投げ売りせずに保有し続けていれば、いずれ株価は回復します。結果として優良株に投資できていれば、時間とともに含み益が複利で積み上がります。

 ## 個人投資家が優良株に投資する現実的な方法

個人投資家が優良株に投資する現実的な方法は、ズバリ25年以上連続増配中の銘柄だけに投資することです。

25年以上も連続して増配を継続するには、長期的なEPS成長が欠かせません。業績が低迷してEPSが下がれば、いずれ配当性向が100％を超えて減配せざるを得ない状況になってしまうからです。

25年以上連続増配銘柄が長期的にEPSを伸ばすことができた秘密は、他社が容易にマネできない強み（ワイドモート）があったからこそと言えます。

ワイドモートがなければ競合他社の参入で市場シェアの奪い合いや価格競争に巻き込まれ、最終的に業績を落とすことになってしまいます。

また、25年以上も減配せずに増配を続けてきた事実からわかる通り、株主還元に積極的であることは明らかです。

CEOをはじめとする経営陣はストックオプションで報酬を受け取ることも多く、基本的に自社株を保有しています。増配や株価上昇は結果的に自身への報酬にもなるため、株主還元に積極的になるのは当然のことと言えます。

長期的に増配を続けてきた企業が減配するなんてことになれば、経営者としてのキャリアに傷がつくことにもなりかねません。自身への報酬も減ることになるのでデメリットしかないわけです。

優良株≒25年以上連続増配銘柄である理由

- 不況下でも業績が安定している
- 参入障壁（ワイドモート）の高い事業を持っている
- 25年以上の増配実績があり、株主還元に積極的
- 長期的に市場平均を上回ってきた実績が配当貴族指数にある

図1-1 優良株のイメージ

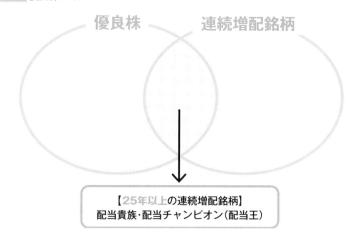

優良株　　連続増配銘柄

【25年以上の連続増配銘柄】
配当貴族・配当チャンピオン（配当王）

　図1-1の通り、優良株は25年以上の連続増配銘柄以外にも多く存在します。しかし、連続増配銘柄以外の優良株は優良株であると判断するのが非常に困難です。

　そこで、投資対象を25年以上の連続増配銘柄に絞るわけです。基準を明確化することで、減配したら売却という判断が可能になります。

　ちなみに、図1-1はイメージですので円の面積と銘柄数はリンクしているわけではありません。円の面積≠銘柄数です。

　当然ながら25年以上の連続増配銘柄だけに投資したとしても100％優良株に投資できるわけではありません。長期的に株価が伸びない銘柄や途中で減配する銘柄が出てくることもあるでしょう。

　購入時点では、どの銘柄の株価が上がって、どの銘柄の株価が下がるかなんて誰にもわかりません。大多数の優良株で占められる25年以上連続増配銘柄に分散投資することで、結果的にポートフォリオの多くが優良株で占められるようになります。

　そもそも優良株に100％投資できる人など、この世に存在しません。どんな投資家でも多かれ少なかれ必ず失敗はあります。だからこそ、分散投資が必要になるわけです。

　連続増配銘柄は、保有期間が長くなればなるほど取得株価に対する配当利回り（YOC：Yield On Cost）が上がっていくメリットもあります。

　仮に株式市場が暴落して大きな含み損を抱えたとしても、連続増配銘柄に分散投資していれば、配当によるプラスリターンが大きく削られるようなことは考えにくいです。長期投資を実践する個人投資家にとって、減配リスクの低さは精神的な支えとしても機能してくれます。

25年以上連続増配銘柄に投資するメリット

- 減配リスクが低い
- ハズレ銘柄を引く可能性が低い
- ドルベースの受取配当金が毎年増えていく

連続増配基準は複数存在する

　連続増配記録が継続しているかどうかの判断基準は、1個しかないというわけではありません。複数存在します。

　ここでは3種類の連続増配基準を紹介したいと思います。一般的に使われているのは2種類だけなのですが、連続増配と言われて一番イメージしやすいオリジナル基準を新たに1つ作成しました。

連続増配基準

① 増配スパンが12カ月以内の連続増配
② 暦年（CY）の年間配当を基準にした連続増配
③ 会計年度（FY）の年間配当を基準にした連続増配

　暦年のCYはCalendar Year（カレンダーイヤー）の略で、1月～12月までのことを言います。
　会計年度のFYはFiscal Year（フィスカルイヤー）の略で、企業ごとに決められた1年の区切りです。会計年度の始期日から約3カ月ごとの期間に分けて四半期決算が発表されます。

　会計年度の始期日と終了日を暦年と同じにしている米国企業も多くあります。そのような場合には、②と③の増配基準が一致することになります。

増配スパンが12カ月以内の連続増配

　まず1つ目は、増配スパンが12カ月を超えるかどうかで連続増配の継続を判断する本書オリジナル基準です。連続増配で最もイメージされやすい基準だと思います。

図1-2 増配スパンが12カ月を超えないイメージ

　図1-2のように、前回の増配から12カ月以内に再び増配されないと連続増配記録がストップします。

　米国株に多い四半期配当の銘柄なら5四半期以上同じ配当が継続すると連続増配が途切れることになります。

　もちろん減配されたら、その時点で連続増配はストップします。非常にシンプルでわかりやすい基準ですね。

 暦年（CY）の年間配当を基準にした連続増配

　これは配当貴族指数が採用している増配基準でもあります。暦年（CY）1年の年間配当金が前年以下だったときに連続増配がストップする基準です。

配当貴族指数の場合、暦年の権利落ち日を基準に年間配当を計算することが決められています。

実は、この増配基準だと最大10四半期連続で同じ配当を継続しても増配記録を維持することができます。

図1-3 配当履歴の一例

暦年 （CY）	1Q （1-3月）	2Q （4-6月）	3Q （7-9月）	4Q （10-12月）	年間配当
2016年	$0.5	$1.0	$1.0	$1.0	$3.5
2017年	$1.0	$1.0	$1.0	$1.0	$4.0
2018年	$1.0	$1.0	$1.0	$1.5	$4.5

解説用に架空の増配履歴を作りました。図1-3のようなケースだと、2016年に3.5ドル、2017年に4.0ドル、2018年に4.5ドルの年間配当となっています。見ての通り年単位で見ればキッチリ増配されています。

しかし、四半期ごとの配当を見ると10四半期連続で同じ配当が続いています。連続増配銘柄は、毎年増配するものとイメージしがちですが、1年以内に増配せずとも連続増配記録を保つことができるわけです。

 会計年度（FY）の年間配当を基準にした連続増配

この基準では、会計年度（FY）1年の年間配当金が前年以下だったときに連続増配がストップします。

暦年と会計年度が一致している銘柄は、どちらの年間配当を基準にしても同じなので簡単です。では、暦年と会計年度が異なる期間のときはどうなるでしょうか？

図1-4 会計年度（FY）を基準にした年間配当のイメージ

　図1-4のように会計年度と暦年にズレがある銘柄は、会計年度を基準に年間配当を計算します。会計年度の年間配当が前年以下になると、会計年度基準の連続増配記録がストップするわけです。

　暦年と会計年度にズレがある銘柄は、暦年基準の連続増配記録が途切れて会計年度基準の連続増配記録だけ継続する場合があります。
　ちょっとイメージしにくいと思うので、具体例を出して解説しましょう。パーカー・ハネフィン（PH）という配当王銘柄は、会計年度が7月スタート6月締めとなっています。

図1-5 パーカー・ハネフィン（PH）暦年の配当履歴

暦年 （CY）	1Q （1-3月）	2Q （4-6月）	3Q （7-9月）	4Q （10-12月）	年間配当
2015年	$0.63	$0.63	$0.63	$0.63	$2.52
2016年	$0.63	$0.63	$0.63	$0.63	$2.52
2017年	$0.66	$0.66	$0.66	$0.66	$2.64

　暦年の配当権利落ち日基準で年間配当を記載したのが図1-5です。暦年基準だと2015年〜2016年が2.52ドル、2017年が2.64ドルの年間

配当となっていて連続増配記録が途切れています。

図1-6 パーカー・ハネフィン（PH）会計年度の配当履歴

年度 （FY）	1Q （7-9月）	2Q （10-12月）	3Q （1-3月）	4Q （4-6月）	年間配当
2015年	$0.48	$0.63	$0.63	$0.63	$2.37
2016年	$0.63	$0.63	$0.63	$0.63	$2.52
2017年	$0.63	$0.63	$0.66	$0.66	$2.58

　一方、会計年度基準だと2015年が2.37ドル、2016年が2.52ドル、2017年が2.58ドルの年間配当となり、増配記録が継続しています。

　つまり、パーカー・ハネフィン（PH）は会計年度を基準にした連続増配記録で配当王になっているわけです。

　暦年の連続増配記録は途切れてしまっているため、2019年11月時点で配当貴族指数の構成銘柄にパーカー・ハネフィン（PH）が選ばれないこともわかります。

図1-7 パーカー・ハネフィン（PH）の増配開始年

会計年度（FY）基準	暦年（CY）基準
1957年	2017年

※2019年11月時点

　このように増配基準が変わるだけで連続増配年数に大きな差が出ることもあるのです。

　暦年と会計年度が異なる企業のなかには、どちらか一方の増配基準だけを意識する銘柄もあります。

　今回取り上げたパーカー・ハネフィン（PH）は、明らかに会計年度基準の増配が意識されているケースです。

　会計年度基準も暦年基準と同様に、最大10四半期連続で同じ配当を継続しても増配記録は保たれます。

　配当貴族、配当チャンピオン、配当王のような連続増配銘柄は毎年必ず増配するものと思われがちですが、1年以内に増配せずとも連続増配記録を維持することができます。

増配頻度まとめ

- 増配スパン12カ月以内　　　　　：1年に1回以上の増配
- 暦年（CY）の年間配当基準　　　：2年半に1回以上の増配
- 会計年度（FY）の年間配当基準　：2年半に1回以上の増配

1-2

S&P 500 配当貴族指数
(S&P 500 Dividend Aristocrats)

 配当貴族指数の条件

配当貴族指数は、S&Pグローバル(SPGI)社が2005年5月2日から算出している株価指数です。正式名称は「S&P 500配当貴族指数(Dividend Aristocrats)」と言います。

配当貴族指数は、原則として次の条件を満たした銘柄だけが指数に組み込まれます。

配当貴族の条件

- S&P 500の構成銘柄
- 時価総額30億ドル以上
- 1日平均取引額が500万ドル以上
- 25年以上連続で増配を継続している銘柄

25年以上の連続増配というのは、配当権利落ち日(Ex-Date)を基準にした暦年(Calendar Year)の年間配当額が前年より増えているかどうかで判断されます。会計年度ベースの年間配当が増配されているかどうかは一切問いません。

配当貴族指数に採用された銘柄の年間配当が前年以下になったときは指数から除外されます。タイミングは四半期ごとのリバランス時に除外されることもあれば、毎年1月の構成銘柄入れ替えで除外されることもあります。

図1-8 暦年（CY）を基準にした年間配当のイメージ

配当貴族指数では、上記のように会計年度と暦年にズレがあっても暦年ベースの年間配当基準で連続増配年数を決定します。年間配当には定期配当のみが含まれ、特別配当などのイレギュラーな配当は除外されます。

実際に具体例を出して説明しましょう。配当貴族指数の構成銘柄であるカーディナルヘルス（CAH）の会計年度は、7月スタート6月締めとなっていて暦年とズレがあります。

図1-9 カーディナルヘルス（CAH）会計年度の配当履歴

年度 （FY）	1Q （7-9月）	2Q （10-12月）	3Q （1-3月）	4Q （4-6月）	年間配当
1994年	$0.0047	$0.0057	$0.0057	$0.0071	$0.0232
1995年	$0.0089	$0.0089	$0.0089	$0.0089	$0.0356
1996年	$0.0089	$0.0089	$0.0089	$0.0089	$0.0356
1997年	$0.0089	$0.0111	$0.0111	$0.0111	$0.0422

図1-9は、配当権利落ち日を基準にした会計年度の増配履歴です。

1995年と1996年の年間配当が同額で増配がありません。すなわち、増配記録が途切れています。

　増配開始年は1997年となるので、2019年11月時点の連続増配年数は25年未満です。

図1-10 カーディナルヘルス (CAH) 暦年の配当履歴

暦年 （CY）	1Q （1-3月）	2Q （4-6月）	3Q （7-9月）	4Q （10-12月）	年間配当
1993年	$0.0047	$0.0047	$0.0047	$0.0057	$0.0198
1994年	$0.0071	$0.0089	$0.0089	$0.0089	$0.0338
1995年	$0.0089	$0.0089	$0.0089	$0.0089	$0.0356
1996年	$0.0089	$0.0089	$0.0089	$0.0111	$0.0378

　一方、配当権利落ち日を基準にした暦年の年間配当では1993年が0.0198ドル、1994年が0.0338ドル、1995年が0.0356ドル、1996年が0.0378ドルとなっていて毎年キッチリ増配されています。

　結果として増配開始年が1985年となるため、2019年11月時点の連続増配年数は25年以上になります。

　つまり、配当貴族指数が採用している増配基準が「配当権利落ち日×暦年」だからこそ、カーディナルヘルス（CAH）は指数構成銘柄になれているわけです。

 スピンオフや株式分割された銘柄の扱い

　2013年1月1日以降にスピンオフされた銘柄は、スピンオフ前の増配実績がスピンオフ後も割り当てられます。

　また、スピンオフや株式分割により1株配当が減少しても、分割割合を考慮した配当金が減配していなければ増配実績はそのまま引き継がれます。

　スピンオフのルールが適用されて連続増配年数が繰り越された銘柄

に、アッヴィ（ABBV）とアボット・ラボラトリーズ（ABT）があります。スピンオフの時期は2013年でした。

　ちなみに、スピンオフした連続増配銘柄にはフィリップモリス（PM）とアルトリアグループ（MO）もありますが、こちらはスピンオフ時期が2008年だったため増配実績が繰り越されませんでした。

　そのため、フィリップモリス（PM）とアルトリアグループ（MO）は配当貴族指数の25年連続増配の条件を満たしていないという扱いになっています（2019年11月時点）。

 銘柄分散の基準

　配当貴族指数の構成銘柄数は、最低40銘柄と決められています。もし毎年1月に実施する年次見直しのタイミングで配当貴族の条件を満たす銘柄が40未満になったときは、20年以上連続で増配を継続している銘柄に範囲を拡大することができます。

　範囲を拡大したときは、指数構成銘柄が40に達するまで配当利回りの高い順に新規銘柄が組み込まれます。

　連続増配年数以外の条件（時価総額及び流動性の基準を満たしているS&P 500指数構成銘柄）は引き続き残るので、これら条件を満たした銘柄のなかから配当利回りが高い順に選択されることになります。

指数構成銘柄が40未満のとき

- S&P 500の構成銘柄
- 時価総額30億ドル以上
- 1日平均取引額が500万ドル以上
- 20年以上連続で増配を継続している銘柄

上記条件に拡大しても40銘柄に届かない場合は、連続増配年数を除いた3条件を満たす銘柄のなかから配当利回りが高い順に銘柄分散の基準を満たすまで新規銘柄が組み込まれることになっています。

 セクター分散の基準

配当貴族指数にはセクター分散の基準もあり、1セクターにつき30％未満と決められています。

なお、セクター分類は世界産業分類基準（GICS）にしたがうことになっていて、全11セクターに分類されます。

図1-11 世界産業分類基準（GICS）のセクター分類

セクター	英語表記
エネルギー	Energy
素材	Materials
資本財・サービス	Industrials
一般消費財・サービス	Consumer Discretionary
生活必需品	Consumer Staples
ヘルスケア	Health Care
金融	Financials
情報技術	Information Technology
コミュニケーション・サービス	Communication Services
公益	Utilities
不動産	Real Estate

もし毎年1月の年次見直しの際に1セクターの割合が30％以上になったときは、20年以上連続で増配を継続している銘柄に範囲を拡大することができます。

範囲を拡大したときは、1セクターの割合が30％未満になるまで配当利回りの高い順に新規銘柄が組み込まれます。

特定セクターの割合が30％以上のとき

- S&P 500の構成銘柄
- 時価総額30億ドル以上
- 1日平均取引額が500万ドル以上
- 20年以上連続で増配を継続している銘柄

　上記条件に拡大しても1セクターの割合が30％以上になるときは、連続増配年数を除いた3条件を満たす銘柄のなかから配当利回りが高い順にセクター分散の基準を満たすまで新規銘柄が組み込まれます。

 ## リバランスは年4回

　構成銘柄のリバランスは、1月／4月／7月／10月の最終取引日の取引終了後に実施することが決められています。3カ月おき年4回の頻度です。

　指数構成銘柄数をNとすると、各銘柄の割合が1/Nとなるように均等分散されます。リバランスを行う際に基準となる株価は、最終取引日から5取引日前の終値になります。

配当貴族指数のリバランス

- 実施日　　：1月／4月／7月／10月の最終取引日
- 基準株価　：リバランス実施日から5取引日前の終値

リバランス実施月の最終取引日から5取引日前の終値によって銘柄ごとの指数組入株式数が決定したあと、最終取引日の取引終了後にリバランスが行われるという流れです。

 配当貴族指数の構成銘柄

2019年11月1日時点の配当貴族指数は、57銘柄で構成されています。構成銘柄の割合は時価総額に関係なく、すべて均等に調整する方式が採用されています。

図1-12 配当貴族指数の構成銘柄（2019年11月1日時点）

ティッカー	企業名	セクター
ABBV	アッヴィ	ヘルスケア
ABT	アボット・ラボラトリーズ	ヘルスケア
ADM	アーチャー・ダニエルズ・ミッドランド	生活必需品
ADP	オートマティック・データ・プロセッシング	情報技術
AFL	アフラック	金融
AOS	AOスミス	資本財
APD	エアープロダクツ・アンド・ケミカルズ	素材
BDX	ベクトン・ディッキンソン	ヘルスケア
BEN	フランクリン・リソーシズ	金融
BF-B	ブラウンファーマン	生活必需品
CAH	カーディナルヘルス	ヘルスケア
CAT	キャタピラー	資本財
CB	チャブ	金融
CINF	シンシナティ・ファイナンシャル	金融
CL	コルゲート・パルモリーブ	生活必需品
CLX	クロロックス	生活必需品
CTAS	シンタス	資本財

次ページへ続く

CVX	シェブロン	エネルギー
DOV	ドーバー	資本財
ECL	エコラボ	素材
ED	コンソリデーテッド・エジソン	公益
EMR	エマソン・エレクトリック	資本財
FRT	フェデラル・リアルティ・インベストメント・トラスト	不動産
GD	ゼネラル・ダイナミクス	資本財
GPC	ジェニュイン・パーツ	一般消費財
GWW	W.W.グレインジャー	資本財
HRL	ホーメル・フーズ	生活必需品
ITW	イリノイ・ツール・ワークス	資本財
JNJ	ジョンソン・エンド・ジョンソン	ヘルスケア
KMB	キンバリー・クラーク	生活必需品
KO	コカ・コーラ	生活必需品
LEG	レゲット・アンド・プラット	一般消費財
LIN	リンデ	素材
LOW	ロウズ	一般消費財
MCD	マクドナルド	一般消費財
MDT	メドトロニック	ヘルスケア
MKC	マコーミック	生活必需品
MMM	スリーエム	資本財
NUE	ニューコア	素材
PBCT	ピープルズ・ユナイテッド・ファイナンシャル	金融
PEP	ペプシコ	生活必需品
PG	プロクター・アンド・ギャンブル	生活必需品
PNR	ペンテア	資本財
PPG	PPGインダストリーズ	素材
ROP	ローパー・テクノロジーズ	資本財

次ページへ続く

SHW	シャーウィン・ウィリアムズ	素材
SPGI	S&Pグローバル	金融
SWK	スタンレー・ブラック・アンド・デッカー	一般消費財
SYY	シスコ	生活必需品
T	AT&T	コミュニケーション
TGT	ターゲット	生活必需品
TROW	Tロウ・プライス・グループ	金融
UTX	ユナイテッド・テクノロジーズ	資本財
VFC	VFコーポレーション	一般消費財
WBA	ウォルグリーン・ブーツ・アライアンス	生活必需品
WMT	ウォルマート	生活必需品
XOM	エクソンモービル	エネルギー

図1-13 配当貴族のセクター分布

セクター	銘柄数	割合
エネルギー	2	3.5%
素材	6	10.5%
資本財・サービス	12	21.1%
一般消費財・サービス	6	10.5%
生活必需品	14	24.6%
ヘルスケア	6	10.5%
金融	7	12.3%
情報技術	1	1.8%
コミュニケーション・サービス	1	1.8%
公益	1	1.8%
不動産	1	1.8%
合計	57	100%

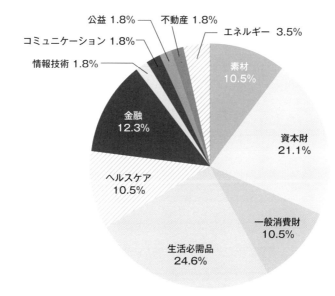

公益 1.8% ── ┌── 不動産 1.8%
コミュニケーション 1.8% ─┐ │ ┌── エネルギー 3.5%
情報技術 1.8% ─┐ │ │ │

素材 10.5%
金融 12.3%
資本財 21.1%
ヘルスケア 10.5%
一般消費財 10.5%
生活必需品 24.6%

　セクター分布に偏りはあるものの、全11セクターが満遍なく含まれています。1番ウェイトの大きい生活必需品セクターが24.6％、次いで資本財セクターの21.1％が続きます。

　セクター分散の基準にあわせて、1セクター30％を超えないようにコントロールされていることが確認できます。

配当貴族指数 vs S&P 500指数

　配当貴族指数とS&P 500指数の株価上昇率を比較したのが次ページ図1-14になります。

　配当貴族指数は「SPDAUDP」、S&P 500指数は「^GSPC」の株価データを使っての比較です。

図1-14 過去11年の株価上昇率

配当貴族指数 vs S&P 500指数

「S&P ダウ・ジョーンズ・インデックス S&P 500配当貴族指数」、
「Yahoo! Finance」株価データをもとに作成

　2008年1月2日の終値を100％にあわせて、2018年末までの株価上昇率をグラフにしました。配当金（分配金）を含まない純粋な株価どうしの比較です。

　図1-14の通り、配当貴族指数がS&P 500指数のリターンを上回っています。2008年〜2018年の11年間で配当貴族指数は約2.3倍、S&P 500指数は約1.7倍という結果になりました。

図1-15 配当貴族指数とS&P 500指数の年次リターン

期間	年次リターン		年次リターン差
	配当貴族指数	S&P 500指数	
2008年	−22.96％	−37.58％	14.63％
2009年	19.16％	19.67％	−0.51％
2010年	14.61％	11.00％	3.61％

次ページへ続く

2011年	4.71%	−1.12%	5.84%
2012年	12.71%	11.68%	1.03%
2013年	26.41%	26.39%	0.02%
2014年	14.11%	12.39%	1.73%
2015年	−1.41%	−0.69%	−0.72%
2016年	10.73%	11.24%	−0.50%
2017年	18.11%	18.42%	−0.30%
2018年	−5.31%	−7.01%	1.70%
平均	8.26%	5.85%	2.41%

「S&P ダウ・ジョーンズ・インデックス　S&P 500配当貴族指数」、
「Yahoo! Finance」株価データをもとに作成
https://us.spindices.com/indices/strategy/sp-500-dividend-aristocrats

　図1-15は1年ごとの株価を年初（終値）と年末（終値）で比較した結果です。配当金（分配金）を含まない株価上昇率になります。

　過去11年の年次リターンでも配当貴族指数がS&P 500指数をアウトパフォームしています。特に2008年の年次リターン差14.63％が目を引きますね。配当貴族の不況に強い特徴が見て取れます。
　年次リターンの勝率も約63.6％（7勝4敗）で配当貴族指数が大きく勝ち越しています。

　年率平均+2.41％というのは、小さいようで実は大きな差になります。なぜなら、毎年複利でこの差が開くことになるからです。
　長期になればなるほど差をつけるペースが広がるため、最終的なリターンで見ると大きな違いになります。

　過去11年平均の年次リターンで+2％以上の差がついていることからもわかるように、配当貴族指数がS&P 500指数を上回るのは必然の結果であると考えることができます。

配当チャンピオンと配当王

 配当チャンピオンの歴史

　配当チャンピオンの生みの親は、デビッド・フィッシュ氏というアメリカ人です。2017年に現役引退するまで証券業界の投資顧問兼会計士（stock advisor and accountant）として働いていた金融の専門家です。

　デビッド・フィッシュ氏が配当チャンピオンリストを最初に公開したのは2007年12月のことです。
　Webサイト「The DRiP Investing Resource Center」で配当チャンピオンリストの毎月更新をスタートさせました。
　その後10年以上もデビッド・フィッシュ氏が毎月リストを更新し続けたことで、連続増配銘柄という概念が世界に浸透しました。

　残念なことにデビッド・フィッシュ氏は2018年5月12日に亡くなられています。68歳でした。
　配当チャンピオン生みの親亡きあとは、ジャスティン・ロー氏がリストを引き継いで毎月更新しています。ジャスティン・ロー氏は、生前のデビッド・フィッシュ氏と一緒に配当チャンピオンリストの更新作業を手伝っていた方のようです。
　こうして若い世代の方が配当チャンピオンリストを引き継いで毎月更新してくれるのはありがたいことだと思います。

配当チャンピオン（Dividend Champions）の定義

　配当チャンピオンは、25年以上連続で増配を続けてきた銘柄のこと
を言います。連続増配年数以外の条件はないので非常にシンプルです。

　配当チャンピオンの増配は、原則として配当支払い日（Pay Date）を
基準にした暦年（Calendar Year）の年間配当が前年より増えているかど
うかで判断されます。

　仮に上記の暦年基準で増配が継続しなかったとしても、配当支払い日
（Pay Date）を基準にした会計年度（Fiscal Year）の年間配当が25年以上
連続で増え続けていればOKというルールもあります。

配当チャンピオンの増配基準

❶ 配当支払い日 × 暦年（CY）の年間配当が増えているか
❷ 配当支払い日 × 会計年度（FY）の年間配当が増えているか

　増配基準の優先順位は、「❶配当支払い日×暦年（CY）」⇒「❷配当支
払い日×会計年度（FY）」の順序になります。

　最新の配当チャンピオン一覧を確認したいときは、Webサイト「The
DRiP Investing Resource Center」でU.S.Dividend Championsファイル
をダウンロードします。ファイルの種類は、ExcelもしくはPDFから選
択できます。

　もし❶の基準で配当チャンピオンにならず、❷の基準で配当チャンピ

オンになった銘柄があるときは、U.S.Dividend Champions ファイルの note欄に「FY Streak」と記載されています。

　U.S.Dividend Champions ファイルには、配当チャンピオンだけでなく10年〜24年連続増配中の配当コンテンダー（Dividend Contenders）と5年〜9年連続増配中の配当チャレンジャー（Dividend Challengers）も掲載されています。

階級ごとの名称

- 配当チャンピオン 　　：　25年以上連続増配銘柄
- 配当コンテンダー 　　：　10年〜24年連続増配銘柄
- 配当チャレンジャー 　：　5年〜9年連続増配銘柄

　配当コンテンダー及び配当チャレンジャーの増配基準は、配当チャンピオンと一緒です。

 配当チャンピオン一覧

図 1-16 配当チャンピオン一覧（2019年11月1日時点）

ティッカー	企業名	セクター
ABM	ABMインダストリーズ	資本財
ADM	アーチャー・ダニエルズ・ミッドランド	生活必需品
ADP	オートマティック・データ・プロセッシング	情報技術
AFL	アフラック	金融

次ページへ続く

ALB	アルベマール	素材
AOS	AOスミス	資本財
APD	エアープロダクツ・アンド・ケミカルズ	素材
AROW	アロー・ファイナンシャル	金融
ARTNA	アルテシアン・リソーシズ	公益
ATO	アトモス・エナジー	公益
ATR	アプターグループ	素材
AWR	アメリカン・ステイツ・ウォーター	公益
BANF	バンクファースト	金融
BDX	ベクトン・ディッキンソン	ヘルスケア
BEN	フランクリン・リソーシズ	金融
BF-B	ブラウンファーマン	生活必需品
BKH	ブラック・ヒルズ	公益
BMI	バジャー・メーター	情報技術
BRC	ブレイディ	資本財
BRO	ブラウン・アンド・ブラウン	金融
CAT	キャタピラー	資本財
CB	チャブ	金融
CBSH	コマース・バンクシェアーズ	金融
CBU	コミュニティ・バンク・システム	金融
CFR	カレン・フロスト・バンカーズ	金融
CINF	シンシナティ・ファイナンシャル	金融
CL	コルゲート・パルモリーブ	生活必需品
CLX	クロロックス	生活必需品
CSL	カーライル	資本財
CTAS	シンタス	資本財
CTBI	コミュニティ・トラスト・バンコープ	金融
CVX	シェブロン	エネルギー
CWT	カリフォルニア・ウォーター・サービス	公益
DCI	ドナルドソン	資本財

次ページへ続く

DOV	ドーバー	資本財
EBTC	エンタープライズ・バンコープ	金融
ECL	エコラボ	素材
ED	コンソリデーテッド・エジソン	公益
EMR	エマソン・エレクトリック	資本財
ERIE	イリー・インデムニティー	金融
ESS	エセックス・プロパティー・トラスト	不動産
EV	イートン・バンス	金融
EXPD	エクスペディターズ・インターナショナル・オブ・ワシントン	資本財
FELE	フランクリン・エレクトリック	資本財
FRT	フェデラル・リアルティ・インベストメント・トラスト	不動産
FUL	HBフラー	素材
GD	ゼネラル・ダイナミクス	資本財
GPC	ジェニュイン・パーツ	一般消費財
GRC	ゴーマン・ラップ	資本財
GWW	W.W.グレインジャー	資本財
HP	ヘルマリック・アンド・ペイン	エネルギー
HRL	ホーメル・フーズ	生活必需品
ITW	イリノイ・ツール・ワークス	資本財
JKHY	ジャック・ヘンリー・アンド・アソシエーツ	情報技術
JNJ	ジョンソン・エンド・ジョンソン	ヘルスケア
JW-A	ジョン・ワイリー＆サンズ	コミュニケーション
KMB	キンバリー・クラーク	生活必需品
KO	コカ・コーラ	生活必需品
LANC	ランカスター・コロニー	生活必需品
LECO	リンカーン・エレクトリック・ホールディングス	資本財
LEG	レゲット・アンド・プラット	一般消費財
LIN	リンデ	素材

次ページへ続く

LOW	ロウズ	一般消費財
MCD	マクドナルド	一般消費財
MCY	マーキュリー・ジェネラル	金融
MDP	メレディス・コーポレーション	コミュニケーション
MDT	メドトロニック	ヘルスケア
MDU	MDU リソーシズ・グループ	公益
MGEE	MGE エナジー	公益
MGRC	マグラス・レントコープ	資本財
MKC	マコーミック	生活必需品
MMM	スリーエム	資本財
MO	アルトリアグループ	生活必需品
MSA	MSA セーフティー	資本財
MSEX	ミドルセックス・ウォーター	公益
NC	NACCO インダストリーズ	エネルギー
NDSN	ノードソン	資本財
NEE	ネクステラ・エナジー	公益
NFG	ナショナル・フューエル・ガス	公益
NNN	ナショナル・リテール・プロパティーズ	不動産
NUE	ニューコア	素材
NWN	ノースウェスト・ナチュラル・ガス	公益
O	リアルティ・インカム	不動産
ORI	オールド・リパブリック・インターナショナル	金融
PBCT	ピープルズ・ユナイテッド・ファイナンシャル	金融
PEP	ペプシコ	生活必需品
PG	プロクター・アンド・ギャンブル	生活必需品
PH	パーカー・ハネフィン	資本財
PNR	ペンテア	資本財
PPG	PPG インダストリーズ	素材
RLI	RLI	金融
ROP	ローパー・テクノロジーズ	資本財

次ページへ続く ▶

ROST	ロス・ストアーズ	一般消費財
RPM	RPMインターナショナル	素材
SBSI	サウスサイド・バンクシェアーズ	金融
SCL	ステファン	素材
SEIC	SEIインベストメンツ	金融
SHW	シャーウィン・ウィリアムズ	素材
SJW	SJW	公益
SKT	タンガー・ファクトリー	不動産
SON	ソノコ・プロダクツ	素材
SPGI	S&Pグローバル	金融
SRCE	ファースト・ソース	金融
SWK	スタンレー・ブラック・アンド・デッカー	資本財
SYK	ストライカー	ヘルスケア
SYY	シスコ	生活必需品
T	AT&T	コミュニケーション
TDS	テレフォン&データシステムズ	コミュニケーション
TGT	ターゲット	一般消費財
THFF	ファースト・ファイナンシャル	金融
TMP	トンプキンス	金融
TNC	テナント	資本財
TR	トーツィー・ロール・インダストリーズ	生活必需品
TRI	トムソン・ロイター	金融
TROW	Tロウ・プライス・グループ	金融
UBA	ウルスタッド・ビドル・プロパティーズ	不動産
UBSI	UBSグループ	金融
UGI	UGI	公益
UHT	ユニバーサル・ヘルス・リアルティ・インカム・トラスト	不動産
UMBF	UMBファイナンシャル	金融
UTX	ユナイテッド・テクノロジーズ	資本財

次ページへ続く

UVV	ユニバーサル	生活必需品
VFC	VFコーポレーション	一般消費財
WABC	ウェストアメリカ・バンコーポレーション	金融
WBA	ウォルグリーン・ブーツ・アライアンス	生活必需品
WEYS	ウェイコ・グループ	一般消費財
WMT	ウォルマート	生活必需品
WST	ウェスト・ファーマシューティカル・サービス	ヘルスケア
WTR	アクア・アメリカ	公益
XOM	エクソンモービル	エネルギー

「The DRiP Investing Resource Center」より作成

2019年11月1日時点の配当チャンピオンは130銘柄あります。なお、OTC（Over The Counter）銘柄は非上場株式のため除外しています。

図1-17 配当チャンピオンのセクター分布

セクター	銘柄数	割合
エネルギー	4	3.1%
素材	12	9.2%
資本財・サービス	26	20.0%
一般消費財・サービス	8	6.2%
生活必需品	17	13.1%
ヘルスケア	5	3.8%
金融	29	22.3%
情報技術	3	2.3%
コミュニケーション・サービス	4	3.1%
公益	15	11.5%
不動産	7	5.4%
合計	130	100%

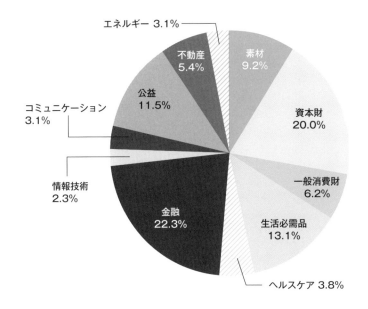

エネルギー 3.1%

不動産 5.4%

素材 9.2%

公益 11.5%

資本財 20.0%

コミュニケーション 3.1%

情報技術 2.3%

金融 22.3%

一般消費財 6.2%

生活必需品 13.1%

ヘルスケア 3.8%

　配当チャンピオンは銘柄数が多いだけに全11セクターが満遍なく含まれています。

　最もウェイトが高かったのは、全体の22.3％を占める金融セクターでした。景気に敏感であるはずの金融セクターが一番多いのは少し意外です。

配当貴族指数と配当チャンピオンの違い

　ここまで解説してきたように配当貴族指数と配当チャンピオンで求められる連続増配年数はどちらも25年以上です。

　さらに、暦年の年間配当が毎年増えているかを増配基準にしている部分も一致しています。ところが、配当貴族指数と配当チャンピオンの増配基準には微妙に異なる点も存在します。

増配基準の違い

- 配当貴族 ： 配当権利落ち日×暦年の年間配当
- 配当チャンピオン ： 配当支払い日×暦年の年間配当

同じ暦年の年間配当でも基準日に違いがあります。配当貴族は配当権利落ち日を基準にした暦年の年間配当で増配を判断するのに対して、配当チャンピオンは配当支払い日を基準にした暦年の年間配当で増配を判断します。

実は、このわずかな違いで連続増配年数が大きく異なっている銘柄があります。先ほど配当貴族指数のときに具体例として出てきたカーディナルヘルス（CAH）です。

図1-18 カーディナルヘルス（CAH）配当履歴

配当権利落ち日	配当支払い日	1株配当
1993/12/27	1994/1/15	$ 0.0057
1994/4/5	1994/4/15	$ 0.0071
1994/6/27	1994/7/15	$ 0.0089
1994/9/26	1994/10/15	$ 0.0089
1994/12/23	1995/1/15	$ 0.0089
1995/3/27	1995/4/15	$ 0.0089
1995/6/28	1995/7/15	$ 0.0089
1995/9/28	1995/10/16	$ 0.0089
1995/12/27	1996/1/15	$ 0.0089

次ページへ続く

1996/3/28	1996/4/15	$ 0.0089
1996/6/27	1996/7/15	$ 0.0089
1996/9/27	1996/10/15	$ 0.0089
1996/12/27	1997/1/15	$ 0.0111

※1株配当：株式分割を調整

　図1-18を見てもらうとわかるように年末年始の配当権利落ち日と配当支払い日が年をまたいでいます。

　その結果、図1-19のように配当権利落ち日基準の年間配当では1994年～1996年の増配が続いたのに対し、配当支払い日基準の年間配当では1995年＝1996年となり増配が途切れています。

図1-19 カーディナルヘルス（CAH）年間配当（1994年～1996年）

暦年	配当権利落ち日基準	配当支払い日基準
1994年	$0.0338 （＝0.0071＋0.0089×3）	$0.0306 （＝0.0057＋0.0071＋0.0089×2）
1995年	$0.0356 （＝0.0089×4）	$0.0356 （＝0.0089×4）
1996年	$0.0378 （＝0.0089×3＋0.0111）	$0.0356 （＝0.0089×4）

　このような理由で、配当貴族指数に採用されているカーディナルヘルス（CAH）は配当チャンピオンではなく配当コンテンダーに振り分けられています（2019年11月時点）。

　配当貴族指数と配当チャンピオンで求められる連続増配年数は同じ25年以上ですが、増配基準の細かな違いがあることで同一銘柄でも連続増配年数に差が出ることもあるわけですね。

配当王の定義

　配当王（Dividend Kings）は、50年以上連続で増配を継続している銘柄のことを言います。

　配当王の増配基準は、配当チャンピオンと全く同じです。配当支払い日を基準にした暦年（CY）もしくは会計年度（FY）の年間配当が増えているかどうかで判断されます。

　50年連続増配は、数多くのリセッションを乗り越えて増配し続けなければ達成できない偉大な記録です。まさしくキングの名にふさわしい銘柄ですね。

図1-20 配当王リスト（2019年11月1日時点）

ティッカー	企業名	セクター
AWR	アメリカン・ステイツ・ウォーター	公益
ABM	ABMインダストリーズ	資本財
CBSH	コマース・バンクシェアーズ	金融
CINF	シンシナティ・ファイナンシャル	金融
CL	コルゲート・パルモリーブ	生活必需品
CWT	カリフォルニア・ウォーター・サービス	公益
DOV	ドーバー	資本財
EMR	エマソン・エレクトリック	資本財
FRT	フェデラル・リアルティ・インベストメント・トラスト	不動産
FUL	HBフラー	素材
GPC	ジェニュイン・パーツ	一般消費財
HRL	ホーメル・フーズ	生活必需品

次ページへ続く

JNJ	ジョンソン・エンド・ジョンソン	ヘルスケア
KO	コカ・コーラ	生活必需品
LANC	ランカスター・コロニー	生活必需品
LOW	ロウズ	一般消費財
MMM	スリーエム	資本財
MO	アルトリアグループ	生活必需品
NDSN	ノードソン	資本財
NWN	ノースウェスト・ナチュラル・ガス	公益
PG	プロクター・アンド・ギャンブル	生活必需品
PH	パーカー・ハネフィン	資本財
SCL	ステファン	素材
SJW	SJW	公益
SWK	スタンレー・ブラック・アンド・デッカー	資本財
TGT	ターゲット	一般消費財
TR	トーツィー・ロール・インダストリーズ	生活必需品

「The DRiP Investing Resource Center」より作成

2019年11月1日時点の配当王は全27銘柄あります。なお、OTC銘柄のファーマーズ＆マーチャンツ・バンコープ（FMBC）は、非上場株式であるため除外しています。

図1-21 配当王のセクター分布

セクター	銘柄数	割合
素材	2	7.4%
資本財・サービス	7	25.9%
一般消費財・サービス	3	11.1%
生活必需品	7	25.9%
ヘルスケア	1	3.7%

次ページへ続く

金融	2	7.4%
公益	4	14.8%
不動産	1	3.7%
合計	27	100%

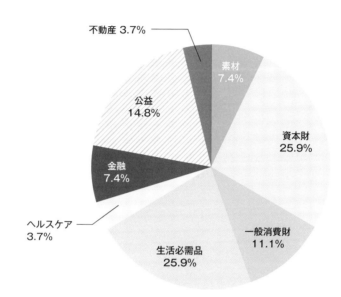

　配当王は、エネルギー／情報技術／コミュニケーション・サービス
セクターの銘柄はありません。

　最もウェイトが高かったのは、同率25.9％で資本財セクターと生活
必需品セクターでした。この2セクターだけで過半数を占めています。

配当王 vs S&P 500指数

　配当王は、配当貴族指数のように長期的なパフォーマンスが計測され
ているわけではありません。

そこで、市場平均とのリターン差を把握するために配当王27銘柄の株価上昇率（平均値）を求めてS&P 500指数と比較することにしました。

OTC銘柄のファーマーズ＆マーチャンツ・バンコープ（FMBC）は、非上場株式であるため平均リターンから除外しています。

配当王（平均）のリターンは、同一期間の株価上昇率を1銘柄ずつ算出して平均したものになります。配当金（分配金）を含まない純粋な株価だけの比較です。

図1-22 過去25年の株価上昇率

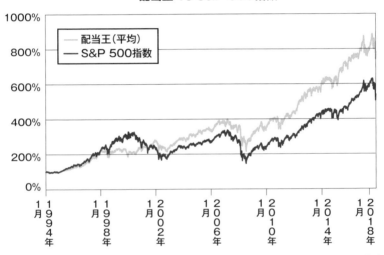

配当王 vs S&P 500指数

「Yahoo! Finance」株価データをもとに作成

1994年1月3日終値を100％にあわせて、2018年末までの株価上昇率をグラフにしました。S&P 500指数の株価データは「^GSPC」を使っています。

図1-22の通り、配当王（平均）がS&P 500指数のリターンを大きく上回っています。1994年～2018年の25年間で配当王（平均）は約7.8倍、S&P 500指数は約5.4倍という結果になりました。

　ここで注意しておきたいのが、配当王（平均）のパフォーマンスには生存バイアスがかかっているという点です。途中で連続増配記録がストップした銘柄は含まれていません。

　減配銘柄や増配が切れた銘柄は全体のパフォーマンスを落とす要因になるため、連続増配記録が途中で途切れた銘柄が含まれていない部分は差し引いて見る必要があります。

図 1-23 配当王（平均）とS&P 500指数の年次リターン

期間	年次リターン		年次リターン差
	配当王（平均）	S&P 500指数	
1994年	−0.28%	−1.33%	1.05%
1995年	22.21%	34.16%	−11.94%
1996年	20.80%	19.33%	1.47%
1997年	37.06%	31.67%	5.39%
1998年	6.65%	26.07%	−19.42%
1999年	7.38%	19.64%	−12.25%
2000年	9.23%	−9.27%	18.50%
2001年	11.31%	−10.53%	21.84%
2002年	−6.10%	−23.80%	17.71%
2003年	17.21%	22.32%	−5.11%
2004年	12.47%	9.33%	3.14%
2005年	5.36%	3.84%	1.52%
2006年	16.05%	11.78%	4.27%
2007年	0.87%	3.65%	−2.78%
2008年	−16.80%	−37.58%	20.78%
2009年	16.62%	19.67%	−3.05%
2010年	16.11%	11.00%	5.10%
2011年	−0.02%	−1.12%	1.10%

次ページへ続く

2012年	13.53%	11.68%	1.85%
2013年	24.22%	26.39%	−2.17%
2014年	9.93%	12.39%	−2.45%
2015年	1.21%	−0.69%	1.91%
2016年	25.05%	11.24%	13.81%
2017年	12.58%	18.42%	−5.83%
2018年	−5.72%	−7.01%	1.29%
平均	10.28%	8.05%	2.23%

「Yahoo! Finance」株価データをもとに作成

　図1-23は1年ごとの株価を年初（終値）と年末（終値）で比較した結果です。配当金（分配金）を含まない株価上昇率になります。

　上記の結果から過去25年の平均年次リターンでも配当王（平均）がS&P 500指数をアウトパフォームしていることがわかります。

　年次リターンの勝率も64%（16勝9敗）で、配当王がS&P 500指数に大きく勝ち越しています。

　25年平均の年次リターンで+2%以上の差がついていることからもわかるように、配当王（平均）が市場平均を上回るのは必然の結果であると考えることができます。

1-4

配当公爵
（Dividend Dukes）

 配当公爵の定義

　ここまで解説してきたように配当貴族指数、配当チャンピオン、配当王の増配基準は、毎年必ず増配せずとも連続増配記録を保つことができます。

　しかし、なかには25年以上連続で12カ月以内の増配を継続している銘柄も存在します。ただ、このような基準を満たす米国株の名称が特に決められていません。

　そこで、配当貴族の上位版という意味を込めて「配当公爵（Dividend Dukes）」と名付けました。名前の由来は、イギリスの貴族階級で最も爵位が高い公爵から来ています。減配リスクの低い優良米国株です。

　配当公爵は、25年以上連続で12カ月以内の増配スパンを守ってきた銘柄です。前回の増配から12カ月を超過して増配がないと配当公爵ではなくなります。もちろん減配されればその時点でアウトです。

　イレギュラーなケースが発生したときは、配慮事項を考慮したうえで増配年数をカウントすることにしました。

　配慮事項の内容は配当貴族指数や配当チャンピオンに準拠した次の3つになります。

配当公爵の配慮事項

❶ 四半期配当のみ考慮（特別配当は除外）
❷ スピンオフされた銘柄は、スピンオフ前の増配履歴をカウント
❸ 株式分割やスピンオフで1株配当が減少したときは分割割合
　を考慮

　❶の配慮事項は、定期的な四半期配当のみを対象にすることです。イレギュラーな特別配当などは増配及び減配の判断には含みません。

　❷の配慮事項は、スピンオフされた銘柄の増配年数についてです。連続増配を継続した状態で会社がスピンオフして2つに分かれるケースでは、スピンオフ前の増配履歴をスピンオフ後の銘柄に適用して連続増配年数をカウントします。

　過去にスピンオフした銘柄で配当公爵に入っているのはアボット・ラボラトリーズ（ABT）とアッヴィ（ABBV）です。どちらの銘柄もスピンオフ前と後で、変わらず12カ月以内の増配ペースを25年以上継続しています。
　ちなみに、フィリップモリス（PM）とアルトリアグループ（MO）は、スピンオフ前の1996年〜1998年にかけて9四半期連続で同じ1株配当が続いているため配当公爵に入りませんでした。1998年以降は12カ月以内の増配ペースが続いています。

　❸の配慮事項は、株式分割やスピンオフで1株配当が減少したときです。1株配当が減少しても、分割割合を考慮した配当金が減配していな

ければ連続増配年数はそのまま引き継がれます。

 配当公爵リスト

　配当貴族指数と配当チャンピオンに含まれる銘柄の配当履歴から、配当公爵の条件を満たす銘柄だけをピックアップしました。

図1-24 「配当公爵」一覧（2019年11月1日時点）

ティッカー	企業名	セクター
ABBV	アッヴィ	ヘルスケア
ABM	ABMインダストリーズ	資本財
ABT	アボット・ラボラトリーズ	ヘルスケア
ADP	オートマティック・データ・プロセッシング	情報技術
APD	エアープロダクツ・アンド・ケミカルズ	素材
ATO	アトモス・エナジー	公益
BDX	ベクトン・ディッキンソン	ヘルスケア
BEN	フランクリン・リソーシズ	金融
BF−B	ブラウンファーマン	生活必需品
BRC	ブレイディ	資本財
CBSH	コマース・バンクシェアーズ	金融
CFR	カレン・フロスト・バンカーズ	金融
CSL	カーライル	資本財
CTAS	シンタス	資本財
CWT	カリフォルニア・ウォーター・サービス	公益
EBTC	エンタープライズ・バンコープ	金融
ECL	エコラボ	素材
ED	コンソリデーテッド・エジソン	公益
ERIE	イリー・インデムニティー	金融

次ページへ続く

EV	イートン・バンス	金融
EXPD	エクスペディターズ・インターナショナル・オブ・ワシントン	資本財
FUL	HBフラー	素材
GPC	ジェニュイン・パーツ	一般消費財
GWW	W.W.グレインジャー	資本財
HRL	ホーメル・フーズ	生活必需品
JNJ	ジョンソン・エンド・ジョンソン	ヘルスケア
JW−A	ジョン・ワイリー＆サンズ	コミュニケーション
KMB	キンバリー・クラーク	生活必需品
KO	コカ・コーラ	生活必需品
LANC	ランカスター・コロニー	生活必需品
LIN	リンデ	素材
MCD	マクドナルド	一般消費財
MDT	メドトロニック	ヘルスケア
MGEE	MGEエナジー	公益
MKC	マコーミック	生活必需品
MSEX	ミドルセックス・ウォーター	公益
NFG	ナショナル・フューエル・ガス	公益
NUE	ニューコア	素材
PBCT	ピープルズ・ユナイテッド・ファイナンシャル	金融
PEP	ペプシコ	生活必需品
PG	プロクター・アンド・ギャンブル	生活必需品
RLI	RLI	金融
SCL	ステファン	素材
SHW	シャーウィン・ウィリアムズ	素材
SKT	タンガー・ファクトリー・アウトレット・センターズ	不動産

次ページへ続く

SPGI	S&Pグローバル	金融
SYK	ストライカー	ヘルスケア
SYY	シスコ	生活必需品
T	AT&T	コミュニケーション
TDS	テレフォン&データシステムズ	コミュニケーション
TR	トーツィー・ロール・インダストリーズ	生活必需品
UVV	ユニバーサル	生活必需品
WBA	ウォルグリーン・ブーツ・アライアンス	生活必需品
WMT	ウォルマート	生活必需品
WST	ウェスト・ファーマシューティカル・サービシズ	ヘルスケア

　2019年11月1日時点の配当公爵は全55銘柄あります。なお、非上場株式のOTC銘柄は除外しています。

図1-25 配当公爵のセクター分布

セクター	銘柄数	割合
素材	7	12.7%
資本財・サービス	6	10.9%
一般消費財・サービス	2	3.6%
生活必需品	13	23.6%
ヘルスケア	7	12.7%
金融	9	16.4%
情報技術	1	1.8%
コミュニケーション・サービス	3	5.5%
公益	6	10.9%
不動産	1	1.8%
合計	55	100%

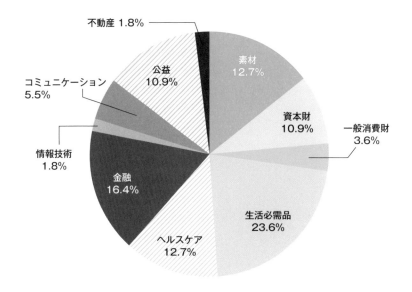

エネルギーセクターのみ銘柄数がゼロで、それ以外のセクターは1銘柄以上含まれています。生活必需品セクターの割合が最も高くなっているのが配当貴族指数との共通点です。

 配当公爵 vs S&P 500指数

当然のことながら、配当公爵だけを平均した指数というものはありません。そこで、配当王のときと同じ手順で全55銘柄の株価上昇率(平均値)とS&P 500指数の株価上昇率を求めてグラフ化します。配当金(分配金)を含まない株価だけの比較です。

配当公爵(平均)のリターンは、同一期間の株価上昇率を1銘柄ずつ算出して平均します。

ただし、下記3銘柄は1994年からの株価データが存在しないため、次の期間から配当公爵(平均)リターンに含めます。

開始時期

- イリー・インデムニティー（ERIE） ： 1995年10月2日
- エンタープライズ・バンコープ（EBTC） ： 2005年2月14日
- アッヴィ（ABBV） ： 2013年1月2日

S&P 500指数の株価データは「^GSPC」を使いました。ETFではなく、指数そのもののデータです。

図1-26 過去25年の株価上昇率

図1-26は1994年1月3日終値を100％にあわせて、2018年末までの株価上昇率を比較したものです。

1994年〜2018年の25年間で配当公爵（平均）は約11.2倍、S&P 500指数は約5.4倍という結果になりました。配当公爵（平均）がS&P 500指数の株価上昇率を大きく上回っています。

　ただし、配当王と同じく配当公爵にも生存バイアスがかかっている点は差し引いて見る必要があります。

図1-27 配当公爵（平均）とS&P 500指数の年次リターン

期間	年次リターン		年次リターン差
	配当公爵（平均）	S&P 500指数	
1994年	1.31%	−1.33%	2.63%
1995年	30.72%	34.16%	−3.43%
1996年	20.12%	19.33%	0.79%
1997年	35.20%	31.67%	3.53%
1998年	15.63%	26.07%	−10.44%
1999年	5.53%	19.64%	−14.10%
2000年	18.15%	−9.27%	27.42%
2001年	4.99%	−10.53%	15.53%
2002年	−2.83%	−23.80%	20.97%
2003年	17.65%	22.32%	−4.67%
2004年	19.35%	9.33%	10.01%
2005年	5.31%	3.84%	1.47%
2006年	17.49%	11.78%	5.71%
2007年	3.87%	3.65%	0.22%
2008年	−17.52%	−37.58%	20.07%
2009年	15.22%	19.67%	−4.45%
2010年	11.05%	11.00%	0.05%
2011年	4.28%	−1.12%	5.40%
2012年	9.43%	11.68%	−2.25%

次ページへ続く

2013年	24.58%	26.39%	−1.81%
2014年	10.58%	12.39%	−1.81%
2015年	0.75%	−0.69%	1.44%
2016年	22.00%	11.24%	10.77%
2017年	13.20%	18.42%	−5.22%
2018年	−0.43%	−7.01%	6.58%
平均	11.43%	8.05%	3.38%

　図1-27は1年ごとの株価を年初（終値）と年末（終値）で比較した結果です。配当金（分配金）を含まない株価上昇率になります。

　上記の結果から過去25年の平均年次リターンでも配当公爵（平均）がS&P 500指数をアウトパフォームしていることがわかります。

　年次リターンの勝率も64％（16勝9敗）で、配当公爵がS&P 500指数に大きく勝ち越しています。

　25年平均の年次リターンで+3％以上の差がついていることからもわかるように、配当公爵がS&P 500指数を上回るのは必然の結果であると考えることができます。

配当貴族指数　vs　配当王 vs　配当公爵

 最も高いリターンが期待できるのはどれか？

　ここまで条件の異なる連続増配銘柄のグループを解説してきました。結局どれが一番いいリターンが得られるか気になるところだと思います。

　そこで、配当貴族指数、配当王（平均）、配当公爵（平均）の3グループ＋市場平均（S&P 500指数）の年次リターンを比較してみます。

　ここで忘れてはならないのが、リターン算出条件の違いです。配当王と配当公爵は同一条件ですが、配当貴族指数だけ少し異なります。

リターン算出条件の違い

- リバランス頻度が年1回と年4回
- 連続増配記録がストップした銘柄が含まれていたかどうか

　配当貴族指数は四半期ごとに年4回のリバランスを実施したリターンなのに対し、配当王と配当公爵は年次リターン平均のためリバランス回数は年1回になります。

そしてもう1つは、生存バイアスがかかっているかどうかです。配当貴族指数は、途中で減配された銘柄も除外されるまでリターンに含まれます。配当王と配当公爵は、結果的に連続増配記録を維持できた銘柄だけのリターンを平均したものです。

途中で連続増配記録が途切れた銘柄のパフォーマンスが含まれていないため、そこは差し引いて見る必要があります。

図1-28 配当貴族指数vs配当王vs配当公爵 vs S&P 500指数

期間	年次リターン			
	配当貴族指数	配当王（平均）	配当公爵（平均）	S&P 500指数
2008年	−22.96%	−16.80%	−17.52%	−37.58%
2009年	19.16%	16.62%	15.22%	19.67%
2010年	14.61%	16.11%	11.05%	11.00%
2011年	4.71%	−0.02%	4.28%	−1.12%
2012年	12.71%	13.53%	9.43%	11.68%
2013年	26.41%	24.22%	24.58%	26.39%
2014年	14.11%	9.93%	10.58%	12.39%
2015年	−1.41%	1.21%	0.75%	−0.69%
2016年	10.73%	25.05%	22.00%	11.24%
2017年	18.11%	12.58%	13.20%	18.42%
2018年	−5.31%	−5.72%	−0.43%	−7.01%
平均	8.26%	8.79%	8.47%	5.85%

配当貴族指数の株価データが2008年以降しかなかったため、それ以降の年次リターンを記載しました。

おもしろいことに配当貴族指数、配当王、配当公爵の平均年次リターンはどれも似たような結果になっています。どうやら増配スパンや連続増配年数が長期リターンに影響することはないようです。

年次リターンをよく見ると、2008年のパフォーマンスが市場平均（S&P 500指数）と連続増配銘柄（配当貴族指数、配当王、配当公爵）で大きく離れています。ご存じのように2008年はリーマンショックで株式市場が暴落した異常とも言える1年でした。

　近い将来のことを考えたとき、100年に一度と言われたリーマンショック級の暴落が発生しない可能性も十分あります。
　そこで、2008年を除いた2009年以降の10年平均リターンがどうだったのかも比較してみたいと思います。

図1-29 配当貴族指数vs配当王vs配当公爵 vs S&P 500指数

期間	年次リターン			
	配当貴族指数	配当王（平均）	配当公爵（平均）	S&P 500指数
【10年平均】2009〜2018	11.38%	11.35%	11.07%	10.20%
【11年平均】2008〜2018	8.26%	8.79%	8.47%	5.85%

　上記は2008年を除いた2009年〜2018年の10年平均リターンと、2008年を含めた2008年〜2018年の11年平均リターンになります。

　2009年〜2018年の10年平均を見ると、市場平均（S&P 500指数）と連続増配銘柄との年次リターン差が1%ほどしかないことがわかります。
　これはつまり、不況の際の下落リスクは市場平均より低く、景気回復局面では市場平均を若干上回るリターンが得られたことを意味します。
　したがって、25年以上連続増配銘柄への分散投資は、ローリスク、ミドルリターンであると解釈することができます。

　先ほど説明したように、配当王と配当公爵は生存バイアスがかかって

いるため実際のパフォーマンスはこれよりも落ちます。それに過去の実績が未来を保証するものでもありません。

とはいえ、これだけ長期間かつ大量のデータを使って有意な差が見られるということは、少なくとも連続増配銘柄への均等分散投資が市場平均（S&P 500 指数）のリターンを上回る結果に繋がることは確かです。

25年以上連続増配銘柄への分散投資こそが、市場平均を上回る再現性の高い投資手法であると結論づけることができます。

ひと握りの優良株に投資する方法

バークシャー・ハサウェイも優良株の1つ

バークシャー・ハサウェイは、世界一の投資家ウォーレン・バフェット氏の持株会社です。配当を出さないため連続増配銘柄にはならないものの、優良株として世界的に知られています。

◉ 配当を出さないメリット

配当を出さないのは一見デメリットのように感じるかもしれませんが、税制面でのメリットがあります。

受け取った配当で再投資したときのことを考えてみましょう。配当再投資では税金が引かれたあとの金額で株を買うことになります。ウォーレン・バフェット氏は、この配当にかかる税金がもったいないと考えているわけですね。

バークシャー・ハサウェイでは、配当を出さない代わりに利益を再投資することとしています。世界一の投資家が投資先を選んで配当を再投資してくれるようなイメージです。

その結果、配当にかかる税金を支払わずに配当再投資と同等以上の複利効果を株主に還元し続けてきました。

これは適切な再投資ができるバークシャー・ハサウェイだからこそ成せるワザなのかもしれません。

◉ クラスA株（BRK.A）とクラスB株（BRK.B）の違い

バークシャー・ハサウェイには、クラスA株（BRK.A）とクラスB株（BRK.B）の2種類があります。クラスA株はクラスB株の1,500倍に設

定されていて、株主総会の議決権を有するのはクラスA株だけと決められています。

　バークシャー・ハサウェイには株式分割を行わないという方針があります。その結果、クラスA株（BRK.A）は1株30万ドル以上に値上がりしました。

　しかしこのままだと株式分割しない限りバークシャー・ハサウェイに少額投資することができなくなってしまいます。そこで、株式分割の代わりに議決権なしのクラスB株（BRK.B）が設定されました。

◉ 長期で市場平均を上回ってきたバークシャー・ハサウェイ

　バークシャー・ハサウェイの実態はコングロマリット（複合企業）です。傘下には63社以上の子会社を抱えています。

　これら子会社は、ウォーレン・バフェット氏から永久保有するに値すると認められ、買収された企業たちです。どれも他社が容易にマネできない参入障壁（ワイドモート）を持つ企業ばかりが揃っています。

　図1-30は、バークシャー・ハサウェイ（BRK.B）とS&P 500指数の年次リターンを比較したものです。S&P 500指数は、^GSPCの株価上昇率を記載しています。分配金を含まない純粋な株価どうしの比較です。

図1-30　バークシャー・ハサウェイ（BRK.B）とS&P 500指数（^GSPC）の年次リターン

期間	年次リターン		年次リターン差
	BRK.B	S&P 500	
2004年	4.74%	9.33%	−4.59%
2005年	1.26%	3.84%	−2.59%
2006年	23.64%	11.78%	11.86%

次ページへ続く

2007年	30.00%	3.65%	26.35%
2008年	−30.21%	−37.58%	7.38%
2009年	−1.11%	19.67%	−20.79%
2010年	20.98%	11.00%	9.97%
2011年	−5.11%	−1.12%	−3.99%
2012年	15.47%	11.68%	3.80%
2013年	27.21%	26.39%	0.82%
2014年	27.79%	12.39%	15.40%
2015年	−11.48%	−0.69%	−10.79%
2016年	24.65%	11.24%	13.41%
2017年	20.99%	18.42%	2.58%
2018年	3.53%	−7.01%	10.54%
合計	264.22%	126.15%	138.06%

　S&P 500指数の分配金を考慮したとしても、明らかにバークシャー・ハサウェイ（BRK.B）のトータルリターンがS&P 500指数を上回っています。これほどまでに素晴らしいパフォーマンスを上げてきたバークシャー・ハサウェイを投資対象から外すのはもったいないことです。

　バークシャー・ハサウェイに投資することは、ウォーレン・バフェット氏が認めた企業に分散投資するようなものです。バリュエーションが割安と判断できる状況に巡り合ったときは、ポートフォリオの1銘柄として積極的に購入していい銘柄と言えます。

第 2 章

バリュー投資の
実践術

バリュー投資は、リスクを抑えて安定した投資リターンを上げるのに最適な手法の1つです。本章ではバリュー投資の成功に欠かせない本質的な考え方と優良米国株が割安になるときの見分け方について解説します。

定量的な数値をもとにバリュエーション判断を行う割安株の見分け方は、理論的かつ実用性の高い内容になっています。ぜひ参考にしてみてください。

2-1

バリュー投資の本質

 株価と価値の違い

> 株価はあなたが払うもの。価値はあなたが得るもの。
> (Price is what you pay. Value is what you get.)
>
> 　　　　　　　　　　　　　　　　　　　　　　　－ウォーレン・バフェット

　ウォーレン・バフェット氏やベンジャミン・グレアム氏など、数々の偉大な投資家がバリュー投資の手法を使って成功を収めてきました。バリュー投資が長期投資で有効なのは歴史が証明しています。

　株価と価値は必ずしもイコールではありません。むしろ株価というものは上がりすぎたり下がりすぎたりしやすく、本来の価値と乖離することが多々あります。
　バリュー投資の本質は、株価と価値が乖離したときを狙って投資することです。本来の価値より株価が下がっているときに投資することでリスク<リターンの投資を実現します。

バリュー投資の本質

「株価＜1株あたりの価値」のとき購入すること

　割安な株価で購入できれば、それだけ期待リターンが高まります。「損失リスク＜期待リターン」の差が大きくなればなるほど勝率が上がるわけです。

　もちろん1株あたりの価値を見誤ることは誰にでもあります。現実問題として「購入株価＜1株あたりの価値」の投資を100％実現することは不可能です。世界一の投資家ウォーレン・バフェット氏でさえ、過去の投資判断で間違いがあったことを認めています。

　バリュー投資は、「今の株価が割安“だろう”」という銘柄に繰り返し投資することです。複数の割安株に分散投資することで長期的なトータルリターンが本来の価値に落ち着いていきます。価値判断の正解率が高ければ高いほど、最終的なプラスリターンが高くなる傾向にあるのがバリュー投資の本質部分です。

バリュー投資の難しさ

　PER（株価収益率）などの基本指標を使ったバリュエーション判断は誰もが知っていることです。では、なぜバリュー投資を実践する個人投資家の多くが市場平均をアンダーパフォームするのでしょうか？

　シンプルに1株あたりの価値を見誤るからです。本来の価値より株価が高いときに購入し、安いときに売却してしまうのです。

イメージしてみてください。本来の価値より割安な株価で購入するということは、世の中がその銘柄に対してそれだけ悲観的な状況です。

　そのようなときに、この銘柄は割安でいずれ業績が回復すると信じて購入しなければなりません。実際やってみるとわかりますが、なかなかに勇気のいることです。平凡な個人投資家が割安株を購入する心理的ハードルは思いのほか高かったりします。

　仮に割安な株価で購入できたとしても、それはダウントレンドの株に逆張りで突っ込んでいくようなものです。買ってすぐ含み損を抱えることも珍しくありません。

　ジワジワと下がり続ける株価が徐々に自信を失わせ、本来の価値よりも低い株価のときに損切りしてしまうパターンはよくあります。

バリュー投資の失敗パターン

- 1株あたりの価値を見誤る
- 本来の価値より高い株価で購入する
- 本来の価値より安い株価で売却する

　バリュー投資を成功させるには本質を頭で理解するだけでなく、ブレない投資の軸が必要不可欠になります。

　たとえ含み損が発生しても、一貫した投資行動でブレることなく保有し続ける忍耐力が求められるわけです。教科書通りにバリュー投資を実践するのが思いのほか難しいことはデメリットとして認識しておく必要があります。

バリュー投資のデメリット

投資行動の一貫性（逆張りの精神）が求められる

このようなデメリットがあるにもかかわらず、本書で優良米国株のバリュー投資を解説するのは次のようなメリットがあるためです。

バリュー投資を選択するメリット

- 損失リスクを抑えられる
- 市場平均より高いリターンが期待できる

バリュー投資のメリットはリスクを下げられることです。インデックス指数が割高なときでも、個別銘柄なら割安株を探して購入することができます。

すでにバリュエーションが割安であるため、株価が下がったとしても大きな損失には繋がりにくいメリットがあります。

それだけではありません。バリュー投資はローリスクなのにインデックス投資のパフォーマンスを長期的に上回ってきた実績があります。

偉大な投資家たちがバリュー投資を選択して大きな成功を収めてきたのは疑いようのない事実であり、必然の結果なのです。

バリュー投資の対極にあるグロース株投資は、確かにうまくいけば短期間で大きなリターンを得ることができる反面、常に大きな損失リスクととなり合わせでもあります。

市場から高い成長率が期待される割高株は、業績の成長速度が鈍化するだけで株価が急落することも珍しくありません。

世の中には大きなリスクを取れない個人投資家が大勢います。特にサラリーマン投資家は、大きな損失を出してしまうと給与でカバーできないほどのダメージを受けてしまいます。

そんなリスクを取れない個人投資家こそ優良米国株のバリュー投資を実践して、長期的に市場平均をアウトパフォームし続けてほしいと思います。

 ## 個人投資家がバリュー投資を成功させる現実的な方法

人間というのは、状況によって物事の判断基準がブレてしまいがちです。そこで役に立つのが定量的なバリュエーション判断です。

定量的なバリュエーション判断とは、過去データの分析結果と現在の指標を銘柄ごとに数字で比較することです。数字として見ることで現在の株価が、どの程度割安なのかを理論的に判断します。

事業内容や業績の安定性などによって割安の目安になるバリュエーションは異なります。同じバリュエーションでも銘柄ごとに割安／割高の判断基準を変える必要があるということです。

たとえば、需要が安定していて将来の業績が読みやすい業種の銘柄はバリュエーションが高めに推移しやすく、一見そこまで割安でないように見える指標でも実は割安だったりすることがあります。

株価のバリュエーション判断によく使われるPER（株価収益率）は、15倍以下だと一般的に割安と言われます。しかし実際は、PERが15倍以下だからといって**安易に割安と判断するのは危険なこと**です。

　銘柄ごとにバリュエーションの目安は異なりますから、一概に同じ基準で判断すると本来の価値を見誤ってしまいます。

　割安株に投資したつもりが「リスク＜リターン」の投資になっておらず、知らず知らずのうちに大きなリスクを取ってしまうことも考えられるわけです。

　どんな状況でも常に定量的なバリュエーション判断ができれば、あとは機械的に動くだけで一貫した投資行動が実現できます。

　そこで、次ページからはバリュー投資の再現性を高める具体的なバリュエーション判断の方法を解説します。

優良米国株の
バリュエーション判断

 銘柄ごとに割安なバリュエーションを計算する

　個人投資家が割安株を見抜く現実的な方法はズバリ、過去のバリュエーション推移（PER、PSR、PBR、配当利回りなど）を銘柄ごとに集計・分析することです。

　銘柄ごとに割安なバリュエーションを見極めるには、過去データの集計・分析が欠かせません。

バリュエーション判断の指標

- PER（株価収益率）
- PSR（株価売上高倍率）
- PBR（株価純資産倍率）
- 配当利回り＆配当性向

　過去のPERやPSR、PBR、配当利回り推移をもとに、銘柄ごとの割安なバリュエーションを算出します。

　この方法のメリットは、論理的な判断が行える点にあります。指標ごとに過去の長期データから割安な数値を求めることで、感情に左右され

ない一貫性のある投資判断が実現しやすくなります。

　一方、この方法のデメリットはデータ分析に時間と手間がかかることです。そこで、少しでも負担を和らげるために、優良米国株のデータ分析結果を筆者ブログ『複利のチカラで億り人』で公開しています。

銘柄分析カテゴリーURL

https://hiromethod.com/category/asset-management/analysis-of-stock

QRコードからURLを読み取れます。

　掲載銘柄は100銘柄以上で、配当貴族・配当チャンピオン（配当王）を中心とした米国株が揃っています。
　ゼロからデータ分析するのは大変だと思うので、気になる銘柄があるときはまず『複利のチカラで億り人』で探してみると効率的です。サイト内検索も利用できます。

過去のPERから割安／割高な株価を求める手順

「PER＝株価÷EPS（1株あたり利益）」であるため、PERは株価とEPS
という2つの要素で決まります。

PERを決める2つの要素

- 株価　：　株式市場の取引時間中に変動
- 直近1年のEPS　：　四半期決算ごとに変動

　上記2つの最新データは、それぞれのペースで別々に動きます。その
ため、株価が上がってPERが下がることもあれば、株価が下がって
PERが上がることもあります。単純に株価下落＝割安、株価上昇＝割
高というわけではありません。

　たとえば、決算発表で株価が5％下がったとしても直近1年のEPSも
5％下がったのであればPERは変化なしです。
　一方、直近1年のEPSに変化がなくて株価が5％下がったときは、株
価が下がる前より5％割安になったと判断できます。

　では実際に、ジョンソン・エンド・ジョンソン（JNJ）を例に出して過
去のPERから割安／割高な株価を求めるまでを解説したいと思います。
　2019年1月22日（2018年4Q決算発表日）にバリュエーション判断
しているという前提で話を進めます。

図2-1は過去10年（2009年〜2018年）のPER推移をグラフ化したものです。グラフデータは、休場日を除く1日ごとのPERになります。

　PERは「終値ベースの株価」と「直近1年の調整後希薄化EPS」から求めています（図2-1の作り方は第3章で解説します）。

　PERが上がっている期間というのは、EPS成長率以上のペースで株価が上がっていることを意味します。反対に、PERが下がっている期間というのは、EPS下落率以上のペースで株価が下がっていることになります。

図2-1 ジョンソン・エンド・ジョンソン（JNJ）の実績PER推移

　上記グラフを見ると、PERが10倍〜20倍の範囲で動いているのがわかります。PERが10倍まで下がったのは2009年3月で、リーマンショック底値のタイミングでした。

　図2-1だけでも大体どの程度のPERなら割安または割高なのかざっくり判断できます。

ただ、人間の感覚というのは状況によって基準がブレるものです。そこで、定量的な判断を行うために「四分位数」を使います。

 ## 「四分位数」を使って判断基準を明確にする

図2-1のPER推移から割安／割高なPERが何倍なのか「四分位数」を使って求めます。先に結論から書くと、第一四分位数以下が割安、第三四分位数以上が割高の目安になります。

PERのバリュエーション判断

- 第一四分位数 ： 割安の目安
- 第二四分位数 ： 中央値
- 第三四分位数 ： 割高の目安

第一四分位数は、データを小さい順に並べたときに最小値から数えて4分の1（25％）の位置にある数字のことを言います。

第二四分位数は中央値のことで、データを小さい順に並べたときに最小値から数えて2分の1（50％）の位置にある数字のことを言います。

第三四分位数は、データを小さい順に並べたときに最小値から数えて4分の3（75％）の位置にある数字のことを言います。

これら四分位数は、Excel関数を使って簡単に求めることができます。詳しい求め方は第3章で解説します。

図2-2 四分位数のイメージ

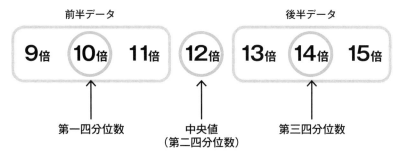

たとえば、7日間のPERが上記のようなケースだとすると中央値が12倍、第一四分位数が10倍、第三四分位数が14倍になります。

第一四分位数と第三四分位数は、それぞれ前半データと後半データの中央値という見方をすることもできます。

図2-1のジョンソン・エンド・ジョンソン（JNJ）過去10年のデータから四分位数を求めた割安／割高の基準は次のようになりました。

図2-1（10年データ）で計算

- 割安の目安（第一四分位数）　：　PER 13.40倍
- 中央値（第二四分位数）　：　PER 16.42倍
- 割高の目安（第三四分位数）　：　PER 17.67倍

直近1年の実績PERが13.40倍以下で割安、17.67倍以上で割高という結果が出てきました。あとは、直近1年の調整後希薄化EPS×PERをすれば割安／割高な株価の目安がわかります。

実績PERのバリュエーション判断

- 割安な株価　：　8.18ドル×13.40倍＝109.61ドル以下
- 割高な株価　：　8.18ドル×17.67倍＝144.54ドル以上

　2018年4Q終了時点の調整後希薄化EPS（8.18ドル）を使って割安／割高な株価の目安を計算したのが上記です。

　この株価が目安として使えるのは、2018年4Q決算発表後（2019年1月22日）〜2019年1Q決算発表前（2019年4月15日）までの期間になります。

　調整後希薄化EPSは、四半期ごとに刻々と変化し続けますので常に最新のEPSを使って計算するようにしましょう。

➜ EPSガイダンスから割安／割高な株価を求める手順

　決算発表時にEPSガイダンスを発表する銘柄は、それをもとに予想PERがどれくらいかを求めることもできます。

$$予想PER = \frac{現在の株価}{EPSガイダンス}$$

　EPSガイダンスは、一般的に〇ドル〜〇ドルと幅をもって発表されます。この数字を使うことで、予想PERは〇倍〜〇倍の見通しであると計算できます。

　ジョンソン・エンド・ジョンソン（JNJ）の2018年度4Q決算（2019年1月22日発表）では、2019年の調整後EPSガイダンスが8.50〜8.65ドル（前年比+5.7%〜7.6%）とアナウンスされました。

　2018年度4Q決算発表日の株価（終値）は128.80ドルなので、1年後の予想PERは14.89〜15.15倍と計算することができます。

予想PERの計算式

$$\frac{128.80 ドル}{8.50 \sim 8.65 ドル} = 14.89 \sim 15.15 倍$$

　先ほど求めた第一四分位数と第三四分位数から、割安なPERの目安は13.40倍以下、割高なPERの目安は17.67倍以上と出ています。

　したがって、予想PERでバリュエーション判断すると、2019年1月22日の終値（128.80ドル）は割安でも割高でもない標準的な株価であると結論づけることができます。

　PERはバリュエーション判断によく使われるメジャーな指標であるものの、完璧というわけではありません。現に利益が出ていない期間はPERの計算ができないというデメリットがあります。

　長期的に安定して利益を稼ぐ銘柄でないと、過去のPERから割安／割高を判断するのが難しくなります。

　これ1つだけ見れば完璧というような万能指標があるといいのですが、残念なことにそのような指標は存在しません。1つの指標だけでは正確なバリュエーション判断ができないわけです。

　複数の指標を組み合わせて総合的に判断することが必要不可欠になり

ます。

 過去のPSRから割安／割高な株価を求める手順

　PSR（株価売上高倍率）は売上高を基準にしたバリュエーション判断の方法なので、利益が出ていない銘柄にも使うことができます。
　長期的に安定した利益が出ていない銘柄は、PERよりPSRを使ってのバリュエーション判断が有効になります。

　「PSR＝株価÷SPS（1株あたり売上高）」であるため、PSRは株価とSPSという2つの要素で決まります。

PSR を決める2つの要素

- 株価　：　株式市場の取引時間中に変動
- 直近1年のSPS　：　四半期決算ごとに変動

　上記2つの最新データは、それぞれのペースで別々に動きます。そのため、株価が上がってもそれ以上にSPSが上がればPSRは下がりますし、株価が下がってもそれ以上にSPSが下がればPSRは上がります。PERと同じ理屈ですね。

　ここでは具体例として、ジョンソン・エンド・ジョンソン（JNJ）のPSRデータから割安／割高な株価の目安を求めていきます。
　2019年1月22日（2018年4Q決算発表日）にバリュエーション判断するという前提で解説します。

図2-3　ジョンソン・エンド・ジョンソン（JNJ）の実績PSR推移

　過去10年（2009年〜2018年）のPSR推移をグラフ化しました。グラフデータは、休場日を除く1日ごとのPSRです（図2-3の作り方は第3章で解説します）。

　この10年でPSRは徐々に切り上がっているのが見て取れます。SPS（1株あたり売上高）成長率を超えるペースで株価が伸びてきた証拠ですね。グラフを見ただけでも直近のPSRが割安でないことに気づけると思います。

図2-3（10年データ）で計算

- 割安の目安（第一四分位数）　：　PSR 2.83倍
- 中央値（第二四分位数）　：　PSR 3.74倍
- 割高の目安（第三四分位数）　：　PSR 4.35倍

PERのときと同じように四分位数を使って割安／割高なPSRの目安を求めました。上記の数値を使って直近1年の実績SPS×PSRをすると、PSRを参考にした割安／割高な株価の目安が出てきます。

実績PSRのバリュエーション判断

- 割安な株価 ： 29.95ドル×2.83倍＝84.76ドル以下
- 割高な株価 ： 29.95ドル×4.35倍＝130.28ドル以上

　2018年4Q終了時点の実績SPS（29.95ドル）を使って割安／割高な株価の目安を計算したのが上記です。

　この株価が目安として使えるのは、2018年4Q決算発表後（2019年1月22日）〜2019年1Q決算発表前（2019年4月15日）までの期間になります。

　SPSもEPSと同じく四半期ごとに刻々と変化し続けますので、常に最新データを使って計算するようにしましょう。

売上高ガイダンスから割安／割高を判断する手順

　決算発表時に売上高ガイダンスを発表する銘柄は、それをもとに予想PSRがどれくらいかを求めることもできます。

$$予想SPS（1株あたり売上高）＝\frac{売上高ガイダンス}{発行済株式数}$$

$$予想PSR = \frac{現在の株価}{売上高ガイダンスから求めた予想SPS}$$

売上高ガイダンスはEPSガイダンスと同じく〇ドル〜〇ドルと幅をもって発表されるのが一般的です。

予想SPSの計算式

$$\frac{804 \sim 812億ドル}{27.24億株} = 29.52 \sim 29.81 ドル$$

予想PSRの計算式

$$\frac{128.80ドル}{29.52 \sim 29.81 ドル} = 4.32 \sim 4.36 倍$$

2019年1月22日の2018年度4Q決算では、2019年売上高ガイダンスは804億ドル〜812億ドルとアナウンスされました。

この売上高ガイダンスを発行済株式数で割ると、SPSは29.52〜29.81ドルになります。

予想PSRのバリュエーション判断

- 割安な株価 ： （29.52〜29.81ドル）×2.83倍
  ＝83.54〜84.36ドル以下
- 割高な株価 ： （29.52〜29.81ドル）×4.35倍
  ＝128.41〜129.67ドル以上

　過去10年データから求めた割安なPSR（2.83倍）と割高なPSR（4.35
倍）を使って株価の目安を計算すると上記のようになります。

　したがって、予想PSRの観点からバリュエーション判断すると、
2019年1月22日の終値（128.80ドル）は割高であると結論づけること
ができます。

 過去のPBRから割安／割高な株価を判断する手順

　「PBR＝株価÷BPS（1株あたり純資産）」であるため、PBRは株価と
BPSという2つの要素で決まります。

PBRを決める2つの要素

- 株価 ： 株式市場の取引時間中に変動
- 直近四半期のBPS ： 四半期決算ごとに変動

これら2つの最新データは、それぞれのペースで別々に動きます。PER／PSRと同じ理屈ですね。

　PBRは金融セクターのバリュエーション判断でしか使わないことが多いと思います。もし、金融セクター以外の銘柄でPBRを参考にしない場合は省略してください。

　ここでは具体例として、ジョンソン・エンド・ジョンソン（JNJ）のPBRデータから割安／割高な株価の目安を求めていきます。
　2019年1月22日（2018年4Q決算発表日）にバリュエーション判断するという前提で解説します。

図2-4 ジョンソン・エンド・ジョンソン（JNJ）の実績PBR推移

　過去10年（2009年〜2018年）のPBR推移をグラフ化しました。グラフデータは、休場日を除く1日ごとのPBRです（図2-4の作り方は第3章で解説します）。

図2-4から、2012年以降PBRが徐々に切り上がっているのが見て取れます。BPS成長率を超えるペースで株価が上がってきた証拠です。

図2-4（10年データ）で計算

- 割安の目安（第一四分位数） ： PBR 3.20倍
- 中央値（第二四分位数） ： PBR 3.75倍
- 割高の目安（第三四分位数） ： PBR 4.39倍

PERのときと同じように四分位数を使って割安／割高なPBRの目安を求めました。この数値を使って直近四半期のBPS×PBRを計算すると、PBRを参考にした割安／割高な株価の目安が出てきます。

実績PBRのバリュエーション判断

- 割安な株価 ： 21.94ドル×3.20倍＝70.21ドル以下
- 割高な株価 ： 21.94ドル×4.39倍＝96.32ドル以上

2018年4Q終了時点の実績BPS（21.94ドル）を使って割安／割高な株価の目安を計算したのが上記です。

この目安が使えるのは、2018年4Q決算発表後（2019年1月22日）～2019年1Q決算発表前（2019年4月15日）までの期間になります。

BPSもEPS／SPSと同じで四半期ごとに刻々と変化し続けるので、

常に最新データを使って計算するようにしましょう。

 過去の配当利回りから割安／割高な株価を求める手順

　連続増配銘柄は減配リスクが低いこともあり、配当利回りが意識されて株価が反発するケースが散見されます。そのため、配当利回りから割安／割高な株価を判断するのが有効な場合もあります。

　「配当利回り＝DPS（1株あたり配当）÷株価」であるため、配当利回りは株価とDPSという2つの要素で決まります。

配当利回りを決める2つの要素

- 株価 ： 株式市場の取引時間中に変動
- DPS ： 増配／減配のたびに変動

　上記2つの最新データは、それぞれのペースで別々に動きます。連続増配銘柄には減配がないので「配当利回り下落＝株価上昇」とシンプルに捉えることができます。

　増配されたら同じ株価でも配当利回りは上がるので、「配当利回り上昇＝株価下落」とならないこともあります。

　ここでは具体例として、ジョンソン・エンド・ジョンソン（JNJ）の配当利回りデータを使って割安／割高な株価の目安を求めていきます。

　2019年1月22日（2018年4Q決算発表日）にバリュエーション判断するという前提で解説します。

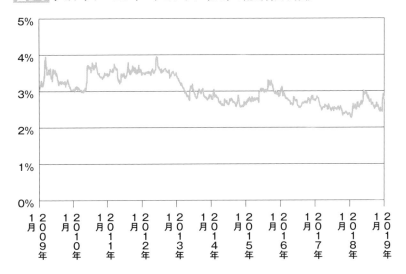

図2-5 ジョンソン・エンド・ジョンソン（JNJ）の配当利回り推移

　過去10年（2009年〜2018年）の配当利回り推移をグラフ化しました。グラフデータは、休場日を除く1日ごとの配当利回りになります（図2-5の作り方は第3章で解説します）。

　配当利回り4%が意識されて株価が反発しているのが確認できます。配当利回り4%手前というのは、リーマンショックの底値（2009年3月）でつけた水準です。

図2-5（10年データ）で計算

- 割安の目安（第三四分位数）　：　配当利回り3.44%
- 中央値（第二四分位数）　：　配当利回り2.98%
- 割高の目安（第一四分位数）　：　配当利回り2.71%

　四分位数から割安／割高な配当利回りの目安を求めました。配当利回りは株価下落で上昇、株価上昇で下落するので、第三四分位数が割安、第一四分位数が割高の目安になります。

　この数値を使ってDPS÷配当利回りを計算すると、配当利回りを参考にした割安／割高な株価の目安が出てきます。

配当利回りのバリュエーション判断

- 割安な株価　：　3.60ドル÷3.44％＝104.65ドル以下
- 割高な株価　：　3.60ドル÷2.71％＝132.84ドル以上

　上記が目安として使えるのは、前回増配の配当権利落ち日（2018年5月25日）から次回増配の配当権利落ち日前日（2019年5月23日）までの期間になります。

　DPSは増配／減配されるごとに変化するので、常に最新データを使って配当利回りを計算するようにしましょう。

配当性向の確認

　割安な連続増配銘柄を購入するときに確認しておきたいのが減配リスクの高さです。

　株価が下がって割安な状態というのは、往々にして業績が下がっていることが多いため、購入前に減配リスクが高くないかチェックしておく必要があります。

　「配当性向＝DPS÷EPS」であるため、配当性向はDPSとEPSという

2つの要素で決まります。

　上記2つの最新データは、それぞれのペースで別々に動きます。配当の原資はEPSであるため、EPS成長率より増配率が高いと配当性向は上昇します。

　配当性向が上昇し続けてしまうと長期的に増配を継続するのが難しくなってしまうため、連続増配銘柄はEPS成長率が停滞すると増配率も低く抑えられる傾向にあります。

図2-6 ジョンソン・エンド・ジョンソン (JNJ) の配当性向推移

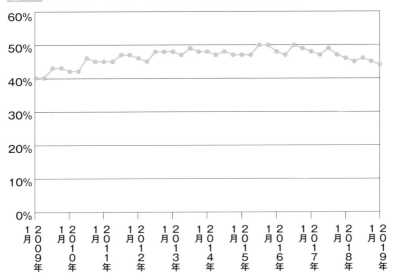

過去10年（2009年〜2018年）の配当性向推移をグラフ化しました。グラフデータは、四半期決算ごとの配当性向を表しています（図2-6の作り方は第3章で解説します）。

図2-6から、ジョンソン・エンド・ジョンソン（JNJ）の配当性向は40〜50％の範囲で推移していることが確認できます。配当性向が安定して一定水準に保たれていることから、今後も長期的な増配に期待できます。

重視すべきはトータルリターン

株価上昇率と受取配当金を合計したものがトータルリターンです。株式投資の運用成績とも言えますね。

トータルリターン＝株価上昇率＋受取配当金

連続増配銘柄は減配リスクが低いため、どうしても配当利回りに注意が向きがちです。しかし、いくら配当利回りが高くても、それ以上に株価が下がれば結果的にトータルリターンはマイナスになってしまいます。

トータルリターンを決める本質的な要素は株価のバリュエーションになります。株価が割安であればあるほど、期待できるトータルリターンは高くなるわけですね。バリュー投資は、投資対象のなかから最も割安な銘柄を購入できるかどうかがポイントになります。

株価のバリュエーション判断で大切なことは、複数の指標から総合的に判断することです。

たとえばPER、PSR、PBR、配当利回りの各指標すべてが、過去10年で最も割安な水準になっていたら明らかに株価は割安だと判断できます。

　このように複数の指標で明らかな割安水準と言える銘柄に分散投資することがトータルリターンの最大化に繋がります。

　2019年11月時点で配当チャンピオンは130銘柄以上ありますから、どんな状況であったとしても明らかな割安銘柄を見つけ出すことは決して難しくないと思います。優良で割安な銘柄に投資できる環境が米国株には整っています。

2-3

ポートフォリオの作り方

→ 優良米国株のバリュー投資で必要な運用ルール

　ここまで「優良米国株≒25年以上連続増配銘柄」である理由と、バリュー投資に必要な「割安株の見分け方」について解説してきました。

　これら2つのプラス要素を兼ね備える割安な優良米国株に分散投資できれば、リスクを抑えながら市場平均（S&P 500指数）以上のトータルリターンが狙えます。

図2-7 割安な連続増配銘柄に投資するイメージ

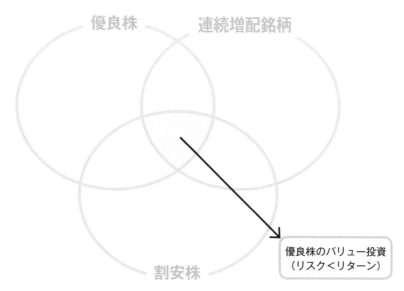

優良株

連続増配銘柄

割安株

優良株のバリュー投資
（リスク＜リターン）

優良米国株のバリュー投資で重要な役割を果たすのが運用ルールです。最低限の枠組みをあらかじめ決めておくだけでも、一貫性のある運用を継続するためのサポートとして機能します。

　毎回の投資判断に頭を悩ませる必要がなくなり、投資にかかる時間と労力を削減するメリットも生まれます。

最低限押さえておきたい運用ルール

- 投資対象を25年以上連続増配銘柄に絞る
- リスク資産：無リスク資産＝90％：10％
- 12〜18銘柄に均等分散投資する
- 異なるセクターの割安株にバランスよく投資する
- ポートフォリオのリバランスを定期的に行う
- 保有株の連続増配記録が途切れたら必ず売却する

　ここからは最低限押さえておきたい運用ルールについて、具体的に1つずつ見ていきたいと思います。

投資対象を25年以上連続増配銘柄に絞る

　第1章で解説したように、平凡な個人投資家が優良株を正確に見極めることは非常に困難です。そのため、過去の実績から優良株である可能性が極めて高い配当貴族もしくは配当チャンピオン（配当王）に投資対象を絞ります。

　25年以上連続増配中の銘柄だけに投資することで、リスクを抑えながら市場平均を上回るトータルリターンにも期待できるようになります。

リスク資産：無リスク資産＝90％：10％

　ポートフォリオの運用資金は全財産を100％にするのではなく、生活防衛資金を差し引いたあとの金額で考えます。

運用資金（ポートフォリオ）＝全財産－生活防衛資金

　生活防衛資金は、急に収入が途絶えてしまっても生活に困らないように蓄えておく貯金のことです。6カ月〜3年分の生活費が目安になります。

　生活防衛資金は、個々の状況や考え方によって適切な金額が変わります。仕事の収入が安定していて独身だから6カ月分の生活費を生活防衛資金にするという考えも正解、家族がいるから3年分の生活費を見ておくというのも正解です。

　個々のリスク許容度にあわせて適度な生活防衛資金を考えてみてください。

　生活防衛資金が決まったら、次に運用資金（ポートフォリオ）の資産配分について考えます。

　世界一の投資家として知られるウォーレン・バフェット氏は、家族への遺言として現金の90％をVOO（リスク資産）、残りの10％を短期米国債（無リスク資産）に振り分けるようアドバイスしています。

　無リスク資産に短期米国債が選択されているのは、長期的な期待リターンが現金よりも高く、値動きが安定しているためだと考えられます。

世界一の投資家からのアドバイスは非常に説得力があるもので、忠実に再現するのが得策と言えます。

　よって、運用資金（ポートフォリオ）の90％を株式（リスク資産）、10％を短期米国債（無リスク資産）で保有することとします。

運用資金（ポートフォリオ）の資産配分

株式（25年以上連続増配銘柄）　：　短期米国債（VGSH）
＝90％　：　10％

　リスク資産の株式は、これまで解説してきたように25年以上連続増配銘柄の割安株です。

　短期米国債は、経費率0.07％の「バンガード短期米国債ETF（VGSH）」を購入します。VGSHを購入する理由は、日本の証券会社で購入できる短期米国債ETFのなかで経費率が業界最安水準であることと、流動性がしっかりしているためです。

　この先、VGSHより経費率が低くて流動性の高い短期米国債ETFが出てきたら、そちらに切り替えてもいいでしょう。

 12〜18銘柄に均等分散投資する

　保有銘柄が多いと管理が大変になる一方で、少なすぎるとパフォーマンスが運の要素に振り回されやすくなってしまいます。

　『Investment Analysis and Portfolio Management』（Frank K. Reilly, Keith C. Brown・著）によると、ポートフォリオの銘柄数を12〜18銘柄にすることで分散投資のメリットが90％近く得られることがわかっ

ています。

　そこで、運の要素を効率よく排除するために12〜18銘柄の範囲で株式を保有することとします。

　株式1銘柄あたりの比率は、配当貴族指数と同じようにすべて均等分散します。どの銘柄が上がって、どの銘柄が下がるか誰にもわからないためです。

図2-8 基準となる比率

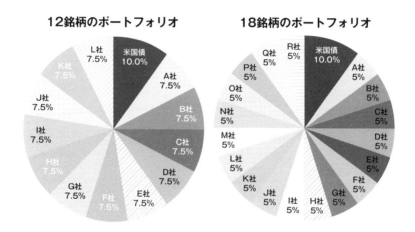

株式1銘柄あたりの比率

- （運用資金×90％）÷12銘柄＝7.5％
- （運用資金×90％）÷18銘柄＝5％

12〜18銘柄の株式が運用資金（ポートフォリオ）の90％を占めるこ

とになりますから、株式1銘柄につき5%〜7.5%が基準になります。あくまでも目安ですので、厳密な均等にならなくても問題ありません。

 異なるセクターの割安株にバランスよく投資する

銘柄を分散したとしても、同じセクターばかりに投資するのは好ましくありません。業界の規制変更、環境変化などにより似たような影響を受けるリスクが高まるためです。

米国株には11のセクターが存在します。どんな銘柄でも、このなかのどれかに必ず分類されます。

図2-9 世界産業分類基準 (GICS) のセクター分類

セクター	英語表記
エネルギー	Energy
素材	Materials
資本財・サービス	Industrials
一般消費財・サービス	Consumer Discretionary
生活必需品	Consumer Staples
ヘルスケア	Health Care
金融	Financials
情報技術	Information Technology
コミュニケーション・サービス	Communication Services
公益	Utilities
不動産	Real Estate

不動産セクターにはリート(REIT)が分類されます。米国リートの個別銘柄は、外資系企業を除いて日本の証券会社では取り扱いがありません(2019年11月時点)。

ETFや投資信託で米国リートの取り扱いがあるなか、米国リートの個

別銘柄が取り扱われていない理由は、法律上の規制があるからと言われています。現行法令では金融庁の許可を取るのが難しいという事情があるようです。

そもそも不動産セクターのリートは、配当貴族指数に1銘柄しか含まれません。よって、リートがなくてもパフォーマンスへの影響は限りなくゼロに近いと考えられることから、不動産セクター以外の各セクターにバランスよく投資することとします。

不動産を除く各セクターから最も割安な銘柄を1銘柄ずつ購入すると10銘柄になります。

残る2〜8銘柄は、全セクターから割安度の高い順に購入します。このとき、同一セクターの銘柄はポートフォリオ全体で2銘柄以下になるよう配慮します。こうすることでセクターバランスのとれたポートフォリオが完成します。

セクターバランスのルール

- 各セクター1銘柄以上（リート除く）
- 同一セクターは最大2銘柄まで

ゼロからポートフォリオを完成させるときは、リスク許容度にあわせて購入ペースを考えましょう。短期間に多くの株式を購入すれば、それだけリスクが高まります。

購入ペースはリスク許容度にあわせて事前にルール化しておくことをおすすめします。

たとえば12銘柄のポートフォリオをゼロから作るケースであれば、

株式を1銘柄購入するごとに7.5％現金比率が下がることになります。

　ポートフォリオの完成には、毎月1銘柄の購入ペースで1年、2カ月に1銘柄の購入ペースで2年という時間がかかります。

ポートフォリオの作り方

❶ 25年以上連続増配銘柄から、セクターごとに割安株を探す
❷ 割安度の高い銘柄から先に、1銘柄5％〜7.5％の範囲で購入する
❸ 一定のペースで徐々に株式の割合を上げていく

 保有株の連続増配記録が途切れたら必ず売却する

　図2-10は、Ned Davis Research社によって行われた過去データ（1972年1月31日〜2018年12月31日）の集計です。

　配当方針ごとに4グループに分けて、リターンと標準偏差（リスク）を調査しています。市場平均（S&P 500指数）も含めると、計5グループあります。

グループ

- 増配銘柄　：　12カ月以内に増配もしくは配当を開始した銘柄
- 配当維持　：　12カ月を超えて同一額の配当を継続した銘柄
- 減配銘柄　：　12カ月以内に減配もしくは無配転換した銘柄
- 無配銘柄　：　配当を出さない期間が12カ月を超える銘柄

図2-10 配当方針ごとのリターンと標準偏差

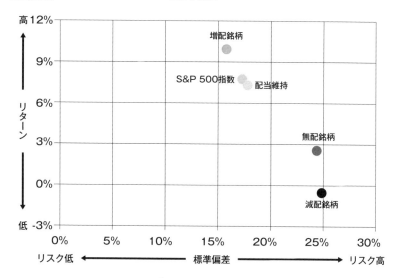

「The Power of Dividends Hartford Funds」をもとに作成
https://documents.nuveen.com/Documents/Sbasset/Default.aspx?fileId=44877

グループ	リターン	標準偏差
増配銘柄	10.07%	15.66%
配当維持	7.47%	17.76%
減配銘柄	−0.35%	28.84%
無配銘柄	2.61%	24.46%
S&P 500指数	7.70%	17.31%

　標準偏差はリスクのことで、リターンのばらつき具合を意味します。高くなればなるほど平均リターンとかけ離れた結果が出やすくなるため、低いほうが優れています。

　安定したパフォーマンスを出し続けるには標準偏差を低くする必要があります。

増配銘柄は、全グループのなかで最も高いリターンを得ながら標準偏差が最も低くなっています。リターンと標準偏差の両方でS&P 500指数より優れているのは増配銘柄だけになります。

　一方、減配銘柄は全グループのなかで最もリターンが低く、標準偏差もワーストです。しかもリターンにいたってはマイナスになっています。

　配当維持、減配銘柄、無配銘柄はリターンと標準偏差の両方でS&P 500指数より劣っていることから、保有株に減配銘柄もしくは連続増配が途切れた銘柄が出てきたときは無条件で必ず売却すべきことがわかります。

　増配銘柄だけを保有することで、標準偏差を抑えながらS&P 500指数以上のリターンが期待できます。

売却基準

- 減配されたとき
- 連続増配記録がストップしたとき

　減配というのは年間配当が前年以下になったとき確定します。四半期配当が下げられたとしても、残りの配当が増配されて年間配当が前年以上になるケースが稀にあります。実際、このような事象がリーマンショックの前後で金融セクターの連続増配銘柄にありました。

　連続増配記録のストップは、年間配当が2年連続で同額以下になったとき確定します。四半期配当の減配が発表されても、基準となる年間配

当が出揃うまでは正式な増配ストップにはならないので、勘違いしない
ようにしましょう。

 ポートフォリオのリバランスを定期的に行う

　購入時点で各銘柄のウェイトが均等でも、株価の上下動によって時間
の経過とともにポートフォリオのバランスが崩れます。

　そのため、ポートフォリオが完成したあとも数カ月おきにリバランス
が必要になります。

　リバランス頻度は、配当貴族指数と同じ3カ月に1回（年4回）ペース
が目安になります。保有する銘柄の株価が大きく動いて、ポートフォリ
オのバランスが崩れたときは不定期でリバランスするのも効果的です。

リバランス方法

- 低ウェイト銘柄への配当再投資／現金投資
- 高ウェイト銘柄の売却と低ウェイト銘柄の購入

　リバランスは、受取配当金あるいは現金を使ってウェイトの低い銘柄
を買い足す方法と、ウェイトが高くなった銘柄を一部売却してウェイト
の低い銘柄を買い足す方法があります。

　もし株式市場の暴落などで保有株全体の評価額が下がるようなとき
は、無リスク資産である短期米国債の比率が上がります。そのような状
況になったときは、図2-11のように短期米国債を一部売却して低ウェ
イトの株式を買い足すことでリバランスできます。

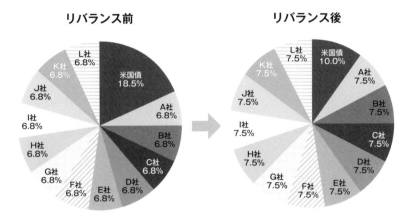

図2-11 株式比率が下がって債券比率が上がったときのリバランス

リバランス前

リバランス後

また、すでに18銘柄保有している状態で新しい割安株が出てくることもあると思います。そのようなときは、新規購入銘柄と同じセクターで最も割高な保有株を売却して新しい銘柄と入れ替えます。

こうすることでポートフォリオのリバランスを行いながらバリュー投資の一貫性を保つことができます。割安なときに買い増し、割高なときに売却することになるので、長期的なリターンの底上げに繋がります。

均等加重平均 vs 時価総額加重平均

どの銘柄も均等に分散投資することを均等加重平均、時価総額の大きさにあわせて銘柄ごとのウェイトが異なる方式のことを時価総額加重平均と言います。

実は全く同じ構成銘柄でも、均等加重平均のほうが時価総額加重平均より高いリターンになることが知られています。

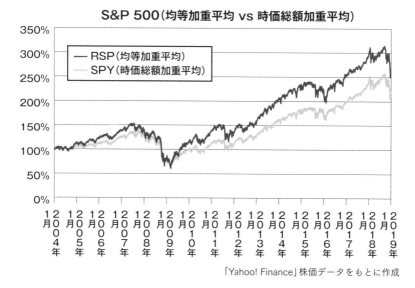

図2-12 過去15年の株価上昇率

「Yahoo! Finance」株価データをもとに作成

　上記はS&P 500の均等加重平均と時価総額加重平均のパフォーマンスを比較したチャートです。2004年1月2日終値を100％にあわせて、2018年末までの株価上昇率をグラフ化しました。分配金を含まない純粋な株価どうしの比較です。

　均等加重平均は「Invesco S&P 500 Equal Weight ETF（RSP）」、時価総額加重平均は「SPDR S&P 500 ETF（SPY）」の株価データを使っています。

　時価総額加重平均の株価データは「Vanguard S&P 500 ETF（VOO）」を使おうとしましたが、設定日が2010年9月で株価データがなかったためSPYを使いました。

　図2-12からわかるように、RSP（均等加重平均）のリターンがSPY（時価総額加重平均）のリターンを上回っています。

　2004年〜2018年の15年間でRSPは約2.7倍、SPYは約2.2倍という

結果でした。全く同じS&P 500指数なのに、これだけの差が出ています。
す。

図2-13 RSPとSPYの年次リターン

期間	年次リターン		年次リターン差
	均等加重平均 （RSP）	時価総額加重平均 （SPY）	
2004年	15.84%	8.67%	7.17%
2005年	7.75%	3.50%	4.25%
2006年	12.19%	11.78%	0.42%
2007年	−0.30%	3.42%	−3.72%
2008年	−40.16%	−37.74%	−2.43%
2009年	37.50%	19.88%	17.62%
2010年	17.75%	10.96%	6.79%
2011年	−3.16%	−1.22%	−1.94%
2012年	13.47%	11.69%	1.78%
2013年	30.49%	26.45%	4.05%
2014年	13.39%	12.37%	1.02%
2015年	−4.24%	−0.76%	−3.48%
2016年	14.32%	11.20%	3.12%
2017年	15.69%	18.48%	−2.79%
2018年	−10.20%	−7.01%	−3.19%
平均	7.71%	5.84%	1.87%

「Yahoo! Finance」株価データをもとに作成

　図2-13は、年初（終値）と年末（終値）の株価から1年ごとの年次リターンを算出した結果です。先ほどと同じく、分配金を含まない株価上昇率になります。

過去15年の年次リターンでもRSP（均等加重平均）がSPY（時価総額加重平均）をアウトパフォームしています。

均等加重平均（RSP）の勝率も60％（9勝6敗）で、時価総額加重平均（SPY）に勝ち越しました。

同じ銘柄なのに過去15年平均の年次リターンで+1.5％以上もの差がついていることから、均等加重平均で行う逆張りのリバランス（値上がり銘柄の一部売却と値下がり銘柄の買い増し）がパフォーマンスの押し上げに効果的だとわかります。

したがって、定期的なリバランスを実施して株式の均等分散を維持することが、時価総額加重平均のS&P 500指数をアウトパフォームする一因になると言えます。

インデックス投資にも弱点がある

投資期間が長くなればなるほど、アクティブファンドはインデックスファンドのパフォーマンスに負けやすいという科学的データがあります。

確かにそれは紛れもない事実で、資産運用の最適解はインデックス投資であると結論づけるのは正しいです。

しかし一方で、資産運用の最適解とされるインデックス投資も100%完璧な投資法とは言えません。

インデックス投資のデメリット

- 好景気が続くと割高な株価で購入せざるを得ない
- 仕事の収入減と暴落が同時に発生するリスクがある
- リセッション入りすると高確率で分配金が減配される
- 分配金利回りが低く、長期的な含み損を抱えたときにつらい

インデックス投資は個別株と違って割安な投資先を選べるほど選択肢がありません。好景気が続くと必然的に割高なバリュエーションで購入することになるため、長期リターンが低くなる傾向にあります。

インデックス指数の株価は、実体経済と深く結びついています。リセッション入りして不況になれば、会社の倒産やボーナスカットのリスクも高まります。

それと同時に、テレビやインターネット、街のニュースなどで株価情報が大々的に取り上げられ、インデックス指数の下落を目にする機会も多くなります。

そして追い打ちをかけるように配当を減配する銘柄が増え、インデックス指数の分配金が減配されるリスクも高まります。

図2-14 SPDR S&P 500 ETF（SPY）の分配金推移

期間	1株あたりの分配金	増配率	期間	1株あたりの分配金	増配率
1993年	1.134ドル	－	2006年	2.446ドル	13.82%
1994年	1.227ドル	8.20%	2007年	2.701ドル	10.43%
1995年	1.278ドル	4.16%	2008年	2.721ドル	0.74%
1996年	1.355ドル	6.03%	2009年	2.177ドル	−19.99%
1997年	1.377ドル	1.62%	2010年	2.266ドル	4.09%
1998年	1.416ドル	2.83%	2011年	2.576ドル	13.68%
1999年	1.445ドル	2.05%	2012年	3.103ドル	20.46%
2000年	1.505ドル	4.15%	2013年	3.351ドル	7.99%
2001年	1.424ドル	−5.38%	2014年	3.836ドル	14.47%
2002年	1.498ドル	5.20%	2015年	4.206ドル	9.65%
2003年	1.630ドル	8.81%	2016年	4.539ドル	7.92%
2004年	2.197ドル	34.79%	2017年	4.802ドル	5.79%
2005年	2.149ドル	−2.18%	2018年	5.101ドル	6.23%

「Yahoo! Finance」SPY分配金データをもとに作成

SPDR S&P 500 ETF（SPY）の分配金データを図2-14にまとめました。ほとんどの年で増配されているのがわかります。この期間、減配されたのは2001年、2005年、2009年の3回だけでした。

1993年以降リセッション入りしたのはドットコムバブル、リーマンショックの2回です。うち2回とも分配金は減配されています。

好景気が続くと忘れられがちですが、インデックス投資はリセッションが起きたら高確率で減配されることを覚悟しておく必要があります。

　21世紀に入って以降、リセッションの頻度、期間ともに減少傾向にあります。しかし、今後もこれまでと同じ傾向が続く保証はどこにもありません。過去の歴史を振り返れば、近年と比べ物にならないくらいの頻度でリセッションが発生し、不況が長期化した時代もありました。

　インデックス投資の分配金利回りは、ただでさえ低いです。それがリセッションでさらに減配されることになったら、雀の涙ほどの分配金しか受け取れないことになります。
　不況が長引いてインデックス指数が伸び悩む状況が続くと、精神的に苦しくなって投げ売りしてしまう人が出るのは過去の経験則からも言えることです。

　一方で、配当貴族、配当チャンピオン（配当王）は不況に強い特徴があり、株価の下落耐性を備えています。リセッション入りして株価が下がっても基本的に増配は続きます。
　さらに配当貴族指数のトータルリターンはS&P 500指数を上回ってきた実績もあります。毎年の増配が運用を続ける精神的サポートとなり、結果として投資を継続しやすい状況が作れます。

　残念ながら100%完璧な投資法というものは存在しません。個々の目的やリスク許容度に応じて、最適な投資法を選ぶことになります。
　インデックス投資にも弱点があることを理解しておくだけでも、いざというとき落ち着いて行動できると思います。心の準備が大切ですね。

第 **3** 章

「米国株」データ分析の手順

優良米国株のバリュエーション判断に使える各種データは、インターネット上で無料公開されています。読者のあなた自身で気になる銘柄のデータ分析ができるように、決算データの入手先や計算方法、Excelを使ったグラフ作成手順を解説します。本章で扱うデータ分析の手順は、一度覚えてしまえば基本的にどの銘柄にも応用が効く知識です。身につける価値は十分あると思います。

米国株のデータ分析に
必要な基礎知識

 決算データの入手先

米国株における四半期決算データの正式資料はSEC Filingという公的文書です。SEC Filingは名前の通りSECに提出する書類で、上場企業は決められた報告フォームで決算資料を開示することになっています。

そもそもSECとはSecurities and Exchange Commissionの略で、米国証券取引委員会のことを言います。

SEC Filingは、過去の分も含めて無料公開されています。ここに書かれたデータが正式なものとなるため、四半期決算のデータはSEC Filingから入手します。

SEC Filingが見られるサイト

- 企業ホームページ（IR情報）
- SEC公式ホームページ（EDGAR）

銘柄ごとのSEC Filingは、基本的に企業ホームページに掲載されています。「基本的に」と書いたのは、稀に企業ホームページでSEC Filingが見られない企業もあるからです。

そのようなときは、SEC（米国証券取引委員会）公式ホームページの EDGAR（the Electronic Data Gathering, Analysis, and Retrieval system）にアクセスして SEC Filing を閲覧します。

SEC公式ホームページ（EDGAR）で見たい企業の SEC Filing を探すときは、ティッカーシンボル検索に対応した「Fast Search」を使うと便利です。

 SEC Filing の種類

SEC Filing は決算報告の時期によって、フォームの種類が分かれています。

SEC Filing の種類

- Form 8-K（Current Report）
- Form 10-Q（Quarterly Report）
- Form 10-K（Annual Report）

上記以外にも SEC Filing の種類はありますが、ここでは決算データの入手に必要な部分に限定して解説します。

図3-1は、米国株の決算報告を時系列で示したものです。決算時期によって2パターンに分かれます。

米国株の決算では、まず決算発表日に Form 8-K が開示されます。そしてその後、第1〜第3四半期決算には Form 10-Q、第4四半期決算には Form 10-K を提出する決まりになっています。

図3-1 決算報告の流れ

【決算発表日】臨時報告書
Current Report(Form 8-K)

【1Q～3Q】四半期報告書
Quarterly Report
(Form 10-Q)

【4Q】年次報告書
Annual Report
(Form 10-K)

 ## Form 8-K (Current Report)

決算発表日に開示される正式文書がForm 8-Kです。日本で言うところの決算短信ですね。決算データの収集で最もよく使います。

SECに提出する一番はじめの書類であるため、未監査（Unaudited）データが掲載されます。監査で修正が入ったときには、Form 10-QまたはForm 10-Kで正しい数字に書き換えられます。

Form 8-KはCurrent Report（臨時報告書）とも呼ばれ、財務状況に影響する事象が発生したときに提出が義務づけられている書類です。そのため、決算報告以外にもForm 8-Kが提出されることは多々あります。

 ## Form 10-Q (Quarterly Report)

第1四半期（1Q）～第3四半期（3Q）決算で提出が義務づけられているのがForm 10-Q（Quarterly Report）です。日本で言うところの四半期報告書にあたる書類です。Form 8-Kのあとに提出されます。

Form 10-Qの提出期限は会社の時価総額によって異なり、四半期末日から40日または45日以内と決められています。

Form 10-K (Annual Report)

　第4四半期（4Q）決算で提出が義務づけられているのがForm 10-Kです。会計年度（Fiscal Year）1年分をまとめた年次報告書になります。

　日本で言うところの有価証券報告書にあたる文書で、1年分のデータをまとめて確認したいときに重宝します。

　Form 10-Kの提出期限は会社の時価総額によって異なり、第4四半期末日から60日、75日または90日以内と決められています。

『米国株データ分析サンプルファイル』をおともに

　ここからは、読者特典『米国株データ分析サンプルファイル』を見ながら読むことで内容が理解しやすくなります。ぜひダウンロードして読むことをおすすめします。

　『米国株データ分析サンプルファイル』のダウンロード方法は7ページを参照してください。

3-2

PER（株価収益率）推移を
求めてグラフ化する手順

過去のPERを求めるのに必要なデータ

PERはPrice Earnings Ratioの略で、年間1株あたり利益の何倍で株が取引されているかを表す指標です。

PER＝株価÷年間EPS（1株あたり利益）

PERの計算には、株価と直近1年（TTM）のEPSが必要になります。TTMはTrailing Twelve Monthの略で、直近12カ月という意味です。四半期決算でのTTMというのは、直近4四半期の合計データのことを言います。

図3-2 直近1年（TTM）のイメージ

| 2018年 3Q | 2018年 4Q | 2019年 1Q | 2019年 2Q | 2019年 3Q | 2019年 4Q |

2019年3Q時点のTTM

株価はマーケットが開くと動きます。直近1年のEPSは四半期決算発表ごとに変化します。したがって、過去の株価データと四半期決算の発表日、四半期ごとのEPSデータがあれば、過去のPER推移を求めることができます。

過去のPERを求めるのに必要なデータ

- 1日ごとの株価（終値）
- 四半期決算の発表日（発表時刻）
- 四半期ごとの（調整後）希薄化EPS

1日ごとの株価は終値を使います。その日の材料を織り込んだ終値のほうが、始値より実態が反映されやすい株価であるためです。

直近1年のEPSが変化するタイミングになるのが、四半期ごとの決算発表日です。発表時刻が市場取引開始前（BMO）であれば決算発表日にEPSが切り替わり、市場取引終了後（AMC）であれば決算発表日の翌日にEPSが切り替わります。

PERの計算には、原則として調整後希薄化EPSを使います。EPSには2×2＝4種類の組み合わせがあり、Basic（基本）またはDiluted（希薄化）と、GAAP（米国会計基準）またはnon-GAAP（非米国会計基準）に分けられます。

EPSの種類

Basic Earnings Per Share ： 基本1株あたり利益
Diluted Earnings Per Share ： 希薄化後1株あたり利益

Basic Earnings Per ShareとDiluted Earnings Per Shareは、計算に使われる発行済株式数が異なります。

Basic Earnings Per Shareは普通株の発行済株式数だけが考慮されているのに対して、Diluted Earnings Per Shareは普通株のほかに潜在株式も考慮されているEPSになります。

潜在株式というのは、将来普通株に変換することのできる転換社債やワラント債、ストックオプションなどのことです。

当然、Diluted Earnings Per Shareのほうが本来の価値を表した数値になります。したがって、PERの計算には希薄化後1株あたり利益のDiluted Earnings Per Shareを優先して使います。

EPSの種類

- GAAP（米国会計基準） ： すべての損益を反映したEPS
- non-GAAP（非米国会計基準） ： 継続事業の利益を反映したEPS

米国企業の決算では、GAAPの他にnon-GAAPのEPSが発表されることが多くあります。

GAAPとは「米国会計基準」の略で、正式な会計基準に沿って計算された利益のことです。いわゆる決算で報告される正式な数値になります。

それに対してnon-GAAPは、通常発生しない特殊な損益を除いた非公式の数値です。

ときに企業というのは税金や事業売却などの特殊事情によって一時的

な損益が発生することがあります。

　GAAPでは、当然これら一時的損益もすべて含まれます。こうなると本業で稼いだ利益がどれだけなのかわからなくなってしまいます。

　そこで登場するのがnon-GAAPです。non-GAAPの利益額によって算出されたEPSのことを調整後EPSと呼びます。

　non-GAAPにより算出された調整後EPSは、本業で稼いだ利益を純粋に反映した数値です。**毎回同じ条件で算出されるため、調整後EPSから算出したPERを見ることで、一貫性のある比較が行えます。**

　non-GAAPは毎回必ず発表されるわけではなく、何か特殊要因があるときに限られます。特殊要因がなければGAAP＝継続事業の利益額となるので、PERの計算にはGAAP EPSをそのまま使います。

 過去の四半期決算発表日（時刻）をExcelに入力する

　過去の四半期決算発表日はSEC FilingのForm 8-K（Current Report）で調べられます。ただ、Form 8-Kには決算報告ではない文書も多く混ざっているため、まずは四半期決算発表の内容が書かれたForm 8-Kを探し出す必要があります。

　四半期決算の内容が書かれたForm 8-Kは、Filing Date（ファイルされた日付）を目印にファイルを探します。Filing Date＝決算発表日付近のファイルが四半期決算のForm 8-Kである可能性が高いです。

　四半期決算の発表日は毎年大体同じですから、その時期に目ぼしをつけて探すと比較的スムーズに見つけられます。

　該当ファイルが見つかったら、まず報告日の確認を行います。Form 8-Kタイトル付近に書かれているDate of Reportが決算発表日なので、

その日付をExcelに入力しましょう。ほとんどがFiling Dateと同じ日付ですが、稀にズレていることがあります。

次に決算発表時刻の入力です。決算発表が、市場取引開始前（BMO）か市場取引終了後（AMC）のどちらのタイミングで行われたかを判断するために決算発表時刻を調べます。

決算発表時刻は、企業ホームページのプレスリリースで確認することができます。ただ、企業によってはプレスリリース時刻の記載がなかったり、直近数年しかプレスリリースが見られなかったりすることがあります。

もし決算発表時刻がわからないときは、C列のBMO／AMCの入力を飛ばしても大丈夫です。大きく計算結果が変わるようなことはないので安心してください。

直近1年のEPS切り替わりタイミングが、1日早くなるか遅くなるかだけの小さな違いしかありません。

図3-3 決算発表日のExcel入力イメージ

	A	B	C
1	決算発表日	決算期	発表時刻
2	2008/1/22	2007年4Q	BMO
3	2008/4/15	2008年1Q	BMO
4	2008/7/15	2008年2Q	BMO
5	2008/10/14	2008年3Q	BMO
⋮	⋮	⋮	⋮
45	2018/10/16	2018年3Q	BMO
46	2019/1/22	2018年4Q	BMO

ここでは具体例として、読者特典『米国株データ分析サンプルファイル』に記載のデータを使いました。ジョンソン・エンド・ジョンソン

（JNJ）の過去データになります。

　直近1年の実績EPSからPERを求めるために、スタート日時の4四半期前からデータを入力します。今回は2009年1月をスタートに設定したので、2007年4Q決算からデータを取り始めています。

　1年に4回四半期決算があるので、仮に10年分データ入力するときは、40回同じ作業を繰り返すことになります。

　データ収集作業は手間がかかりますので、筆者ブログ『複利のチカラで億り人』の銘柄分析ページも活用してもらえたらと思います。

 （調整後）希薄化EPSをExcelに入力する

　一貫性のある比較を行うために、直近1年（TTM）の調整後希薄化EPSを使います。

注意点

調整後希薄化EPSは基本的にForm 8-Kにしか掲載されません。特殊要因による損益が発生してもForm 10-Q／Form 10-KにはGAAP基準のEPSしか記載されないので、まずはForm 8-Kを見るようにしましょう。

　調整後希薄化EPS（1株あたり利益）の英語表記は、diluted（希薄化）、adjusted（調整された）、include（〜を含めて）、exclude（〜を含めない）といった単語表現で書かれることが多いです。

　そのため、まずはこれら単語でページ内検索すると効率よく調整後希

薄化EPSを探せます。

diluted earnings per share as adjustedの記載があれば、それが調整後希薄化EPSです。

仮にas adjustedがなかったとしても、include（〜を含めて）やexclude（〜を含めない）で特殊要因が記載されていることもあります。特殊要因のEPSだけが記載されているときは、GAAP EPSから特殊要因を差し引いて調整後希薄化EPSを求めてください。

特殊要因による一時的な損益が発生していないときは、調整後EPSの記載はないので、GAAP EPSをそのまま使います。

ここからは読者特典『米国株データ分析サンプルファイル』の「【JNJ】PER推移」シートを使って具体的に説明します。

図3-4 （調整後）希薄化EPSのExcel入力イメージ

	A	B	C	D	E
1	決算発表日	決算期	発表時刻	（調整後）希薄化EPS	
2	2008/1/22	2007年4Q	BMO	0.88	
3	2008/4/15	2008年1Q	BMO	1.26	
4	2008/7/15	2008年2Q	BMO	1.18	実績EPS（TTM）
5	2008/10/14	2008年3Q	BMO	1.17	=D2+D3+D4+D5
6	2009/1/20	2008年4Q	BMO	0.94	=D3+D4+D5+D6
⋮	⋮	⋮	⋮	⋮	⋮
45	2018/10/16	2018年3Q	BMO	2.05	=D42+D43+D44+D45
46	2019/1/22	2018年4Q	BMO	1.97	=D43+D44+D45+D46

四半期ごとの（調整後）希薄化EPSが入力できたら、となりの列に実績EPS（TTM）の計算式を入力します。E列の実績EPS（TTM）は、D列

の（調整後）希薄化EPSを直近4四半期分足したものになります。

図3-4のようにE5セル1つに式を入力したら、あとはオートフィルでE6セル以下の計算結果を表示させましょう。

 英語版Yahoo! Financeで株価データを取得する

株価データは、英語版Yahoo! Financeからダウンロードできます。日本語版Yahoo!ファイナンスでは、米国株の株価データがダウンロードできないので、英語版Yahoo! Financeからダウンロードすることになります。

まず英語版Yahoo! Financeの検索窓にティッカーシンボルを入力して個別銘柄のページに移動します。

移動できたら「Historical Data」タブを選択します。Time Period、Show、Frequencyの設定が完了したら「Apply」⇒「Download Data」の順にボタンを押すとCSVファイルのダウンロードが始まります。

Historical Data の設定

- Time Period ： 株価の取得期間を選択
- Show ： Historical Prices を選択
- Frequency ： Daily を選択

ダウンロードしたCSVファイルを開いたら、Date（日付）とClose（終値）の列をコピーして作業中のExcelファイルに貼り付けます。

図3-5 日付と株価データのExcel入力イメージ

	H	I
1	Date	JNJ株価
2	2009/1/2	60.65
3	2009/1/5	60.05
4	2009/1/6	59.69
5	2009/1/7	59.13
⋮	⋮	⋮
2518	2019/1/2	127.75

　株価データは、そのまま貼り付けると桁数が多くて見にくいので、セルの書式設定を小数点以下第2にして貼り付けています。

1日ごとの実績EPS（TTM）と実績PERデータを入力する

　決算発表日にあわせて実績EPS（TTM）をJ列にリンクさせます。リンク先はExcelシートE列のデータです。

　今回のジョンソン・エンド・ジョンソン（JNJ）は市場取引開始前（BMO）の決算発表なので、四半期決算の発表日に実績EPS（TTM）を切り替えることになります。

　もし市場取引終了後（AMC）だったときは、決算発表翌日に実績EPS（TTM）を切り替えてください。

　J列で実績EPS（TTM）の四半期決算データを切り替えるときは、A列にある決算発表日をコピーして検索するとワープできます。

　地道に手作業で切り替えるのは大変すぎるので、検索機能とオートフィル機能を使って効率よくデータ入力しましょう。

図3-6 実績EPS（TTM）と実績PERのExcel入力イメージ

	H	I	J	K
1	Date	JNJ株価	実績EPS（TTM）	実績PER
2	2009/1/2	60.65	=E$5	=I2/J2
3	2009/1/5	60.05	=E$5	=I3/J3
⋮	⋮	⋮	⋮	⋮
12	2009/1/19	57.44	=E$5	=I12/J12
13	2009/1/20	56.75	=E$6	=I13/J13
14	2009/1/21	56.36	=E$6	=I14/J14
⋮	⋮	⋮	⋮	⋮
2518	2019/1/2	127.75	=E$45	=I2518/J2518

　J列の数式に＄マークをつけているのは、オートフィル機能を使うためです。＄マークがないとリンク先のセルが1つずつ下に移動してしまうので、＄をつけて固定しています。

　J列のデータ入力が完了したら、あとはK列で「株価÷実績EPS」をするだけです。これで1日ごとの実績PERが入力できました。

実績PER推移をグラフ化する

　Date（H列）と実績PER（K列）データから実績PER推移のグラフを作ります。グラフの種類は線グラフを選び、Date（H列）を横軸、実績PER（K列）を縦軸に設定します。

　データをグラフ化することで、PERが何倍のとき株価が反発したかも可視化できます。今回のジョンソン・エンド・ジョンソン（JNJ）では、実績PERが15倍付近のときに複数回反発しているのが確認できます。

図3-7 ジョンソン・エンド・ジョンソン（JNJ）の実績PER推移

実績PERの最大値、中央値、最小値を求める

　実績PERをグラフ化したことで、ざっくりとしたデータは確認できるようになりました。

　ここからさらに正確な数値を把握するため、図3-8に記載したExcel関数を使って最大値、中央値、最小値を求めます。

図3-8 実績PERの最大値、中央値、最小値Excel入力イメージ

	L	M
⋮	⋮	⋮
23	最大値	=MAX(K2:K2518)
24	中央値	=MEDIAN(K2:K2518)
25	最小値	=MIN(K2:K2518)

　「K2:K2518」の部分が対象期間のデータ範囲です。K2セルがデータの

始まりで、K2518セルがデータの最後になります。

 四分位数を使ったPERのバリュエーション判断

　割安／割高の目安は四分位数を使って求めます。第2章で解説した定量的なバリュエーション判断の方法ですね。

四分位数の求め方

- 第一四分位数　：　=QUARTILE(配列,1)
- 第二四分位数（中央値）：　=QUARTILE(配列,2)
- 第三四分位数　：　=QUARTILE(配列,3)

　四分位数を求めるためのExcel関数は上記のように入力します。第二四分位数は中央値のことなので、「=MEDIAN(配列)」でも同じように求められます。

　これだけだと少しわかりづらいと思うので、具体例を出して解説します。読者特典『米国株データ分析サンプルファイル』の「【JNJ】PER推移」シートでは、第一四分位数と第三四分位数が次のように入力されています。

図3-9 実績PERの四分位数Excel入力イメージ

	L	M
⋮	⋮	⋮
26	割安の目安	=QUARTILE(K2:K2518,1)
27	割高の目安	=QUARTILE(K2:K2518,3)

PERは数値が低ければ低いほど割安、高ければ高いほど割高なので、第一四分位数が割安の目安、第三四分位数が割高の目安になります。

　四分位数のデータ範囲は、少なすぎると参考にしづらくなります。最低でも5年以上、できれば10年くらいあったほうがいいでしょう。景気サイクル1周を目安にするのもいいと思います。

 EPS成長率の確認

　ここからは、F列で四半期ごとのEPS成長率を求めます。E列の実績EPS（TTM）までは出ているので、F6セルに「（今回EPS－前回EPS）÷前回EPS」の計算式を入力します。
　F6セルの入力ができたら、オートフィル機能を使って最新のEPS成長率まで表示させましょう。

図3-10 EPS成長率のExcel入力イメージ

	A	…	E	F
1	決算発表日	…		
2	2008/1/22	…		
3	2008/4/15	…		
4	2008/7/15	…	実績EPS（TTM）	調整後EPS成長率
5	2008/10/14	…	=D2+D3+D4+D5	－
6	2009/1/20	…	=D3+D4+D5+D6	=(E6−E5)/E5
7	2009/4/14	…	=D4+D5+D6+D7	=(E7−E6)/E6
⋮	⋮	⋮	⋮	⋮
46	2019/1/22	…	=D43+D44+D45+D46	=(E46−E45)/E45
47			10年平均（四半期）	=AVERAGE(F7:F46)
48			10年平均（年率）	=((1+F47)^4)−1

オートフィルを使って最新のEPS成長率まで表示できたら、F47セル
で平均値を求めます。この平均値は四半期平均になるので、年率換算す
るためにF48セルの計算も行います。

これで、過去の調整後EPSが年率換算で何％伸びてきたかを確認す
ることができました。

図3-11は、Date（A列）と調整後EPS成長率（F列）データから作成し
た四半期ごとの調整後EPS成長率になります。横軸をDate（A列）、縦
軸を調整後EPS成長率（F列）に設定しています。

 **図3-11** ジョンソン・エンド・ジョンソン（JNJ）調整後EPS成長率

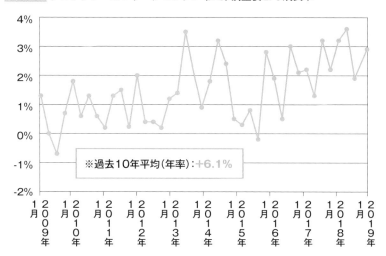

EPS成長率が下がると株価が下がって割安になりやすく、上がると株
価が上がって割高になりやすい傾向にあります。

このようにEPS成長率を可視化することで、現在の株価が割安また
は割高になっている理由を分析するのに役立てられます。

PSR（株価売上高倍率）推移を算出してグラフ化する手順

 1株あたり売上高からPSR（株価売上高倍率）を算出する

PSRはPrice to Sales Ratioの略で、年間1株あたり売上高の何倍で株が取引されているかを表す指標です。

> **PSR＝株価÷1株あたり売上高（Sales Per Share）**

1株あたり売上高は、英語でSPS（Sales Per Share）と呼びます。SPSはEPSと異なり、SEC Filingの四半期決算資料には記載されません。

そのため、次の計算式で「1株あたり売上高（SPS）」を求めてからPSRを算出します。

> **1株あたり売上高（Sales Per Share）の求め方**
>
> $$\frac{年間売上高（Revenue）}{希薄化後発行済株式数（Number\ of\ outstanding\ shares - Diluted）}$$

Form 8-Kに書かれている四半期ごとの発行済株式数は「3カ月平均」もしくは「特定の日付」の2パターンがあります。一般的に3カ月平均が記載されることが多いですが、企業によっては特定日付時点の発行済株式数が書かれていることもあります。

どちらを使っても大差ありませんので、Form 8-Kに書かれているほうを計算に使って大丈夫です。

 PSR推移の計算に必要なデータの種類

株価はマーケットが開くと動きます。1株あたり売上高（SPS）は四半期決算発表ごとに変化します。

つまり、1日ごとの株価（終値）と四半期決算の発表日、年間売上高、希薄化後発行済株式数がわかれば、Excelを使ってPSR推移を求めることができます。PERのときと基本的な考え方は一緒です。

過去のPSRを求めるのに必要なデータ

- 1日ごとの株価（終値）　⇒　PERと一緒
- 四半期決算の発表日（発表時刻）　⇒　PERと一緒
- 四半期売上高
- 四半期ごとの希薄化後発行済株式数

1日ごとの株価（終値）と四半期決算の発表日は、同じ銘柄であればPERのときと全く一緒です。そのままコピーして使いましょう。

四半期売上高と希薄化後発行済株式数だけ、新たに決算資料からデータ収集する必要があります。

四半期売上高と発行済株式数をExcelに入力する

Form 8-K（もしくはForm 10-Q）に記載されている四半期売上高と希薄化後発行済株式数をExcelに入力します。どちらのデータも同じ表に書かれています。

売上高は「Revenues」あるいは「Sales」、発行済株式数は「outstanding」、「average」、「shares」といった単語でページ内検索するのが効率的に探すコツです。

Form 8-Kの表は、該当四半期3カ月分の他に会計年度を合計した表データも掲載されています。

2Q決算であれば6カ月分、3Q決算であれば9カ月分、4Q決算であれば12カ月分の表データがあるわけですが、入力するのは該当四半期3カ月分のデータです。間違えないように注意しましょう。

図3-12 発行済株式数のExcel入力イメージ

	A	···	D	E	F
1	決算発表日	···	四半期 売上高		
2	2008/1/22	···	15,957		
3	2008/4/15	···	16,194		
4	2008/7/15	···	16,450	年間売上高（TTM）	発行済株式数
5	2008/10/14	···	15,921	=D2+D3+D4+D5	2,831.3
6	2009/1/20	···	15,182	=D3+D4+D5+D6	2,801.6
⋮	⋮	⋮	⋮	⋮	⋮
46	2019/1/22	···	20,394	=D43+D44+D45+D46	2,724.0

D列に四半期売上高を入力したら、となりの列に年間売上高（TTM）

の計算式を入力します。E列はPERのシートと同じ計算式なので、コ
ピーして貼り付けるかオートフィル機能を使って入力できます。

　四半期ごとの発行済株式数はF列に入力します。このときF列の発行
済株式数は、四半期売上高と同じ単位にあわせます。なぜなら、単位が
あっていないと計算結果の桁数がおかしくなってしまうからです。

　四半期売上高がmillion単位なら、発行済株式数もmillion単位で数値
を入力するようにしましょう。

 四半期ごとの実績SPS (TTM) を求める

　四半期ごとの実績SPS（TTM）は「年間売上高（TTM）÷発行済株式数
（MRQ）」で求められます。MRQはMost Recent Quarterの略で、直近
四半期という意味です。

図3-13 1株あたり売上高（SPS）のExcel入力イメージ

	A	…	E	F	G
1	決算発表日	…			
2	2008/1/22	…			
3	2008/4/15	…			
4	2008/7/15	…	年間売上高（TTM）	発行済株式数	実績SPS（TTM）
5	2008/10/14	…	=D2+D3+D4+D5	2,831.3	=E5/F5
6	2009/1/20	…	=D3+D4+D5+D6	2,801.6	=E6/F6
⋮	⋮	⋮	⋮	⋮	⋮
46	2019/1/22	…	=D43+D44+D45+D46	2,724.0	=E46/F46

　G5セルに式を入力したら、あとはオートフィル機能を使って最新の
実績SPSまで表示させましょう。

1日ごとの実績SPS（TTM）とPSRデータを入力する

　日付（J列）と株価データ（K列）は、PERのシートをそのままコピーして貼り付ければOKです。

図3-14 実績SPS（TTM）と実績PSRのExcel入力イメージ

	J	K	L	M
1	Date	JNJ株価	実績SPS（TTM）	実績PSR
2	2009/1/2	60.65	=G$5	=K2/L2
3	2009/1/5	60.05	=G$5	=K3/L3
⋮	⋮	⋮	⋮	⋮
12	2009/1/16	57.44	=G$5	=K12/L12
13	2009/1/20	56.75	=G$6	=K13/L13
14	2009/1/21	56.36	=G$6	=K14/L14
⋮	⋮	⋮	⋮	⋮
2518	2019/1/2	127.75	=G$45	=K2518/L2518

　L列の実績SPS（TTM）は、PERデータと切り替わり日が同じですから、コピー＆ペーストだけで入力が完了します。

　実績SPS（TTM）の入力が完了したら、あとはM列で「株価÷実績SPS」をするだけです。これで1日ごとの実績PSRが計算できました。

　念のため、最新のPSRが計算できたら英語版Yahoo! FinanceのPrice/Sales (ttm) と比較してみてください。大体同じ数字になっていると思います。時期によっては英語版Yahoo! Financeの更新が遅れて、1つ前の四半期決算データのままだったりすることもあります。数字があわないときは、1つ前の四半期データではないか疑ってみてください。

実績PSR推移をグラフ化する

　Date（J列）と実績PSR（M列）データから実績PSR推移のグラフを作ります。グラフの種類は線グラフを選び、Date（J列）を横軸、実績PSR（M列）を縦軸に設定します。PERのときと同じ要領です。

図3-15 ジョンソン・エンド・ジョンソン（JNJ）の実績PSR推移

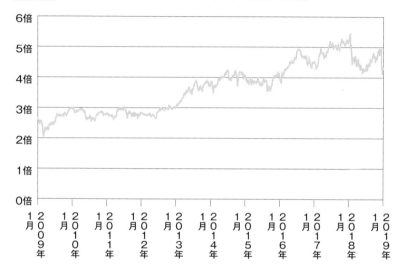

 実績PSRの最大値、中央値、最小値を求める

　実績PSRをグラフ化したことで、ざっくりとしたデータは確認できるようになりました。

　ここからさらに正確な数値を把握するため、図3-16に記載したExcel関数を使って最大値、中央値、最小値を求めます。

図3-16 実績PSRの最大値、中央値、最小値Excel入力イメージ

	N	O
⋮	⋮	⋮
25	最大値	=MAX(M2:M2518)
26	中央値	=MEDIAN(M2:M2518)
27	最小値	=MIN(M2:M2518)

「M2:M2518」の部分が対象期間のデータ範囲になります。M2セルがデータの始まりで、M2518セルがデータの最後です。

実績PSRの割安／割高の目安を求める

実績PERのときと同じように、Excel関数を使って第一四分位数、第三四分位数を求めます。

図3-17 実績PSRの四分位数Excel入力イメージ

	N	O
⋮	⋮	⋮
28	割安の目安	=QUARTILE(M2:M2518,1)
29	割高の目安	=QUARTILE(M2:M2518,3)

PSRは数値が低ければ低いほど割安、高ければ高いほど割高なので、第一四分位数が割安の目安、第三四分位数が割高の目安になります。

SPS成長率の確認

ここからはH列を使って四半期ごとのSPS成長率を求めます。SPS成長率を求めることで、1株あたり売上高（SPS）がどの程度伸びてきたかを確認できるようになります。

図3-18 SPS成長率のExcel入力イメージ

	A	⋯	G	H
1	決算発表日	⋯		
2	2008/1/22	⋯		
3	2008/4/15	⋯		
4	2008/7/15	⋯	実績SPS（TTM）	SPS成長率
5	2008/10/14	⋯	=E5/F5	－
6	2009/1/20	⋯	=E6/F6	=(G6-G5)/G5
⋮	⋮	⋮	⋮	⋮
46	2019/1/22	⋯	=E46/F46	=(G46-G45)/G45
47		⋯	10年平均（四半期）	=AVERAGE(H7:H46)
48		⋯	10年平均（年率）	=((1+H47)^4)-1

　G列の実績SPS（TTM）までは出ているので、H6セルに「（今回SPS－前回SPS）÷前回SPS」の計算式を入力します。

　H6セルの入力ができたら、オートフィル機能を使って最新のSPS成長率まで表示させましょう。

　オートフィルを使って最新のSPS成長率まで表示できたら、H47セルで平均値を求めます。この平均値は四半期平均になるので、年率換算するためにH48セルの計算も行います。EPS成長率のときと同じ要領です。

　これで、過去のSPSが年率換算で何％伸びてきたかを確認することができました。

　Date（A列）とSPS成長率（H列）データを使って四半期ごとのSPS成長率をグラフ化すると図3-19のようになります。横軸をDate（A列）、縦軸をSPS成長率（H列）に設定しています。

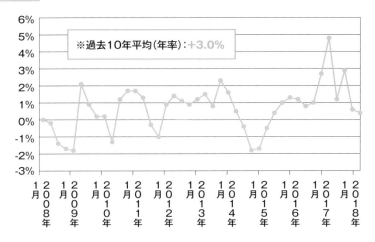

図3-19 ジョンソン・エンド・ジョンソン(JNJ)SPS成長率

※過去10年平均(年率):+3.0%

　今回のジョンソン・エンド・ジョンソン(JNJ)では、過去10年平均のEPS成長率が年率+6.1%なのに対し、SPS成長率は年率+3.0%であることが確認できました。

　同じ銘柄でも指標が違うだけで成長率に2倍以上の開きがあります。売上高が伸びるペースより利益が伸びるペースのほうが速いということは、この10年で利益率が上がったのだと推測することができます。

3-4

PBR（株価純資産倍率）推移を算出してグラフ化する手順

> **BPS（1株あたり純資産）からPBR（株価純資産倍率）を算出する**

　PBRはPrice Book-value Ratioの略で、1株あたり純資産の何倍で株が取引されているかを表す指標です。

PBR＝株価÷BPS（1株あたり純資産）

　1株あたり純資産は、英語でBPS（Book-value Per Share）と呼びます。PBRを求めるのに必要なBPSは、EPSと違ってSEC Filingの四半期決算資料に記載しない会社がほとんどです。そのため、まずはBPSを次の式で求めてからPBRを算出します。

1株あたり純資産（Book-value Per Share）の求め方

$$\frac{純資産（Shareholders' \, equity）}{希薄化後発行済株式数（Number \, of \, outstanding \, shares - Diluted）}$$

BPSの計算に必要な純資産は基本的にShareholders' equityと決算資料に記載されます。

 ## PBR推移の計算に必要なデータの種類

株価はマーケットが開くと動きます。BPS（1株あたり純資産）は四半期の決算発表ごとに変化します。

つまり、1日ごとの株価（終値）と四半期決算の発表日、株主資本、希薄化後発行済株式数のデータがあれば、過去のPBR推移をグラフ化することができます。PERやPSRのときと同じ考え方ですね。

過去のPBRを求めるのに必要なデータ

- 1日ごとの株価（終値） ⇒ PERと一緒
- 四半期決算の発表日 ⇒ PERと一緒
- 四半期ごとの純資産
- 四半期ごとの希薄化後発行済株式数 ⇒ PSRと一緒

1日ごとの株価（終値）と四半期決算の発表日は、同じ銘柄であればPER、PSRのときと同じです。

希薄化後発行済株式数も同じ銘柄であればPSRのときと同じです。そのままコピーして使いましょう。

四半期ごとの純資産データだけ、新たに決算資料からデータ収集することになります。

四半期ごとの純資産をExcelに入力する

純資産の英語表記「Shareholders' equity」もしくは、それに準ずる記載を探します。

Form 8-Kで「equity」とページ内検索すれば、すぐ見つけられると思います。似たような表記で「Total Liabilities and Equity」がありますが、これは違う意味の数字なので注意してください。

もしForm 8-Kで純資産データが見つからないときは、Form 10-Qで同じように探してみましょう。Form 8-K／Form 10-Qのどちらかには必ず純資産データが記載されています。

注意点

念のため、取得すべき純資産データに間違いがないかを確認してからExcelに入力することをおすすめします。

最新のForm 8-K／Form 10-QからBPSを計算して、英語版Yahoo! FinanceのBook-value Per Share (mrq)と大体同じ数字になっていれば大丈夫です。

時期によっては英語版Yahoo! Financeの更新が遅れて、1つ前の四半期決算データのままだったりすることもあります。数字があわないときは1つ前の四半期データではないか疑ってみてください。

ここからは読者特典『米国株データ分析サンプルファイル』の「【JNJ】PBR推移」シートを使って具体的に説明していきます。

まずはPSRシートと同じデータをコピーして貼り付けます。図3-20
にあるA列、B列、C列、E列の部分です。

図3-20 四半期純資産のExcel入力イメージ

	A	B	C	D	E
1	決算発表日	決算期	発表時刻	純資産	発行済株式数
2	2008/10/14	2008年3Q	BMO	45,734	2,831.3
3	2009/1/20	2008年4Q	BMO	42,511	2,801.6
⋮	⋮	⋮	⋮	⋮	
43	2019/1/22	2018年4Q	BMO	59,752	2,724.0

D列に四半期ごとの純資産を入力します。図3-20の純資産と発行済
株式数の単位は、どちらもmillions（百万）で入力しています。

単位が異なると計算結果の桁数がおかしくなってしまうので、純資産
がmillion単位なら、発行済株式数もmillion単位で数値入力するように
しましょう。

 四半期ごとのBPSを求める

四半期ごとのBPS（1株あたり純資産）は「純資産÷発行済株式数」で
求められます。MRQはMost Recent Quarterの略で、直近四半期とい
う意味です。

図3-21 1株あたり純資産（BPS）のExcel入力イメージ

	A	…	D	E	F
1	決算発表日	…	純資産	発行済 株式数	BPS （MRQ）
2	2008/10/14	…	45,734	2,831.3	=D2/E2

次ページへ続く

3	2009/1/20	…	42,511	2,801.6	=D3/E3
⋮	⋮	⋮	⋮	⋮	⋮
43	2019/1/22	…	59,752	2,724.0	=D43/E43

F2セルに式を入力したら、あとはオートフィル機能を使って最新の
BPSまで表示させましょう。

 1日ごとの実績BPS（TTM）とPBRデータを入力する

日付（I列）と株価データ（J列）は、PER／PSRシートのどちらかをそ
のままコピーして貼り付ければOKです。

K列の実績BPS（MRQ）もPER／PSRデータと切り替わり日が同じで
すから、コピー＆ペーストだけで入力が完了します。

図3-22 実績BPS（MRQ）と実績PBRのExcel入力イメージ

	I	J	K	L
1	Date	JNJ株価	実績BPS（MRQ）	実績PBR
2	2009/1/2	60.65	=F$2	=J2/K2
3	2009/1/5	60.05	=F$2	=J3/K3
⋮	⋮	⋮	⋮	⋮
12	2009/1/16	57.44	=F$2	=J12/K12
13	2009/1/20	56.75	=F$3	=J13/K13
14	2009/1/21	56.36	=F$3	=J14/K14
⋮	⋮	⋮	⋮	⋮
2518	2019/1/2	127.75	=F$42	=J2518/K2518

K列のデータ入力が完了したら、あとはL列で「株価÷実績BPS」をす
るだけです。これで1日ごとの実績PBRが計算できました。

実績PBR推移をグラフ化する

Date（I列）と実績PBR（L列）データから実績PBR推移のグラフを作ります。グラフの種類は線グラフを選び、Date（I列）を横軸、実績PBR（L列）を縦軸に設定します。PER／PSRのときと同じ要領です。

図3-23 ジョンソン・エンド・ジョンソン（JNJ）の実績PBR推移

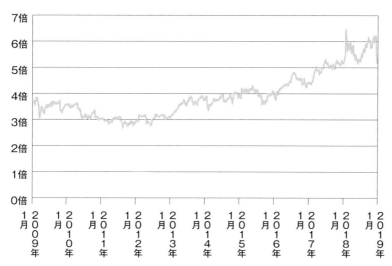

 実績PBRの最大値、中央値、最小値を求める

実績PBRをグラフ化したことで、ざっくりとしたデータは確認できるようになりました。

ここからさらに正確な数値を把握するため、図3-24に記載したExcel関数を使って最大値、中央値、最小値を求めます。

図3-24 実績PBRの最大値、中央値、最小値Excel入力イメージ

	M	N
⋮	⋮	⋮
28	最大値	=MAX(L2:L2518)
29	中央値	=MEDIAN(L2:L2518)
30	最小値	=MIN(L2:L2518)

　「L2:L2518」の部分が対象期間のデータ範囲になります。L2セルがデータの始まりで、L2518セルがデータの最後です。

 実績PBRの割安／割高の目安を求める

　実績PER／PSRのときと同じように、Excel関数を使って第一四分位数、第三四分位数を求めます。

図3-25 実績PBRの四分位数Excel入力イメージ

	M	N
⋮	⋮	⋮
31	割安の目安	=QUARTILE(L2:L2518,1)
32	割高の目安	=QUARTILE(L2:L2518,3)

　PBRは数値が低ければ低いほど割安、高ければ高いほど割高なので、第一四分位数が割安の目安、第三四分位数が割高の目安になります。

 BPS成長率の確認

　ここからはG列を使って四半期ごとのBPS成長率を求めます。BPS成長率を求めることで、1株あたり純資産 (BPS) がどの程度伸びてきたかを確認できるようになります。

図3-26 BPS成長率のExcel入力イメージ

	A	⋯	F	G
1	決算発表日	⋯	BPS（MRQ）	BPS成長率
2	2008/10/14	⋯	=D2/E2	−
3	2009/1/20	⋯	=D3/E3	=(F3−F2)/F2
⋮	⋮	⋮	⋮	⋮
43	2019/1/22	⋯	=D43/E43	=(F43−F42)/F42
44		⋯	10年平均（四半期）	=AVERAGE(G4:G43)
45		⋯	10年平均（年率）	=((1+G44)^4)−1

F列の実績BPS（MRQ）までは出ているので、G3セルに「（今回BPS
−前回BPS）÷前回BPS」の計算式を入力します。

G3セルの入力ができたら、オートフィル機能を使って最新のBPS成
長率まで表示させましょう。

オートフィルを使って最新のBPS成長率まで表示できたら、G44セ
ルで平均値を求めます。この平均値は四半期平均になるので、年率換算
するためにG45セルの計算も行います。EPS／SPS成長率のときと同
じ要領です。

これで、過去のBPSが年率換算で何％伸びてきたかを確認すること
ができました。

Date（A列）とBPS成長率（G列）データを使って四半期ごとのBPS成
長率をグラフ化すると図3-27のようになります。横軸をDate（A列）、
縦軸をBPS成長率（G列）に設定しています。

図3-27 ジョンソン・エンド・ジョンソン（JNJ）BPS成長率

今回のジョンソン・エンド・ジョンソン（JNJ）では、過去10年平均
（年率）のEPS成長率が+6.1％、SPS成長率が+3.0％なのに対し、BPS
成長率は+4.25％であることが確認できました。

3-5

配当利回り推移を算出して
グラフ化する手順

 配当利回り推移の計算に必要なデータの種類

　配当利回りは、1株あたり配当金を株価で割ると求められます。1株あたり配当金は、英語でDPS（Dividend Per Share）と呼ばれます。

> **配当利回り＝1株あたり配当金（DPS）÷株価**

　株価はマーケットが開くと動き、1株あたり配当金（DPS）は増配または減配されると動きます。

　つまり、1日ごとの株価（終値）と1株あたり配当金（DPS）、配当権利落ち日がわかれば、過去の配当利回り推移を求めることができます。

> **過去の配当利回りを求めるのに必要なデータ**
>
> - 1日ごとの株価（終値）　⇒　PERと一緒
> - 1株あたり配当金（DPS）
> - 配当権利落ち日

1日ごとの株価（終値）は、同じ銘柄であればPER、PSR、PBRのとき
と同じです。1株あたり配当金（DPS）と配当権利落ち日だけ、新たに
データ収集します。

1株あたり配当金（DPS）と配当権利落ち日をExcelに入力する

SEC Filingから配当データを1つずつ確認するのは大変なので、まず
企業ホームページに「dividend history」がないかチェックします。配当
貴族や配当チャンピオンは、IR情報から過去の配当履歴を確認できる
企業が多いです。

もし見つからないときは「企業名（ティッカーシンボル）　dividend
history」でWeb検索すると、過去の配当履歴が見られるページが出てき
ます。ただし、企業ホームページに掲載された配当履歴（Dividend
history）でさえも、たまに間違っていることがあります。SEC Filingに記
載された情報が最も正確なので、あやしい部分があるときはForm 10-K
などで確認することをおすすめします。

配当履歴（Dividend history）の表には複数の日付が書かれており、よ
く使われる用語として次のようなものがあります。

用語の意味

- Payout Amount　：　1株あたり配当金（DPS）
- Declared Date　：　配当宣言日
- Ex-Date　：　配当権利落ち日
- Record Date　：　配当権利確定日
- Pay Date　：　配当支払日

配当利回り推移の計算で使うのは、配当履歴の表にあるEx-Date（配当権利落ち日）とPayout Amount（1株あたり配当金）のデータです。

文字だけだと伝わりにくいので、ここからは読者特典『米国株データ分析サンプルファイル』の「【JNJ】配当利回り推移」シートを使って具体的に説明します。

まずは、配当履歴の表を見ながら前回の配当支払いから増配または減配されてPayout Amount（1株あたり配当金）が変化したデータだけをExcelに入力します。

図3-28 四半期配当と配当権利落ち日のExcel入力イメージ

	A	B	C
1	Ex-Date	四半期配当	年間配当
2	2008/5/22	0.46	=B2*4
3	2009/5/21	0.49	=B3*4
4	2010/5/27	0.54	=B4*4
⋮	⋮	⋮	⋮
12	2018/5/25	0.9	=B12*4

Payout Amountは、米国株の場合ほとんどが四半期配当です。もし二期配当の銘柄で支払配当金が均一でないときは、単純に掛け算してしまうと正しい年間配当額にならなくなります。注意しましょう。

株式分割より前のPayout Amountは、現在の1株配当に換算されているか確認します。もし当時のPayout Amountしか配当履歴に載っていないときは、現在の1株配当に換算する必要があります。

たとえば、2株が3株に株式分割されたときは、株式分割前の1株配当を3分の2して現在の配当にあわせます。

> **2株が3株に株式分割されたとき**
>
> 現在の1株配当＝分割前の1株配当×$\dfrac{2}{3}$

 1日ごとの年間配当と配当利回りをExcelに入力する

1日ごとの配当利回りを出すために、日付と株価データ、DPSの列を
作ります。DPSデータの横には、配当利回りの列を作ります。

日付（E列）と株価データ（F列）は、PER／PSR／PBRシートのどれ
かをそのままコピーして貼り付ければOKです。

1株配当の数値が動くのは、増配（または減配）されたときの配当権利
落ち日です。1株配当が変化する日にあわせて数値が正しく切り替わる
ように、手作業でデータを入力します。

図3-29 年間配当と配当利回りのExcel入力イメージ

	E	F	G	H
1	Date	JNJ株価	年間配当	配当利回り
2	2009/1/2	60.65	=C$2	=G2/F2
3	2009/1/5	60.05	=C$2	=G3/F3
4	2009/1/6	59.69	=C$2	=G4/F4
⋮	⋮	⋮	⋮	⋮
2518	2019/1/2	127.75	=C$12	=G2518/F2518

DPS（G列）のデータを入力したら、あとはオートフィルで配当利回

りの計算式を入力すれば完成です。

　配当利回り（H列）は、セルの書式設定で「表示形式」をパーセンテージ（少数点以下の桁数：2）に設定しておきましょう。

 配当利回り推移をグラフ化する

　Date（E列）と配当利回り（H列）データから配当利回り推移のグラフを作ります。グラフの種類は線グラフを選び、Date（E列）を横軸、配当利回り（H列）を縦軸に設定します。PER／PSR／PBRのときと同じ要領です。

図3-30 ジョンソン・エンド・ジョンソン（JNJ）の配当利回り推移

 配当利回りの最大値、中央値、最小値を求める

　配当利回りをグラフ化したことで、ざっくりとしたデータは確認できるようになりました。

ここからさらに正確な数値を把握するため、図3-31に記載したExcel関数を使って最大値、中央値、最小値を求めます。

図3-31 配当利回りの最大値、中央値、最小値Excel入力イメージ

	I	J
⋮	⋮	⋮
25	最大値	=MAX(H2:H2518)
26	中央値	=MEDIAN(H2:H2518)
27	最小値	=MIN(H2:H2518)

「H2:H2518」の部分が対象期間のデータ範囲になります。H2セルがデータの始まりで、H2518セルがデータの最後です。

配当利回りの割安／割高の目安を求める

実績PER／PSR／PBRのときと同じように、Excel関数を使って第一四分位数、第三四分位数を求めます。

図3-32 配当利回りの四分位数Excel入力イメージ

	I	J
⋮	⋮	⋮
28	割安の目安	=QUARTILE(H2:H2518,3)
29	割高の目安	=QUARTILE(H2:H2518,1)

配当利回りが高ければ高いほど割安、低ければ低いほど割高なので、第三四分位数が割安の目安、第一四分位数が割高の目安になります。PER／PSR／PBRとは逆ですね。

配当性向の確認

　ここからは過去の配当性向推移を求めます。新たにデータ収集する必要はなく、ここまで集めてきたデータだけで計算できます。

過去の配当性向を求めるのに必要なデータ

- 四半期決算の発表日（発表時刻）　⇒　PERと一緒
- 四半期ごとの調整後希薄化EPS（non-GAAP）　⇒　PERと一緒
- 1株あたり配当金（DPS）　⇒　配当利回りと一緒
- 配当権利落ち日　⇒　配当利回りと一緒

　具体的に、読者特典『米国株データ分析サンプルファイル』の「【JNJ】配当性向」シートを使って説明します。

図3-33 配当性向推移のExcel入力イメージ

	A	B	C	D
1	決算発表日	実績EPS（TTM）	年間配当	配当性向
2	2009/1/20	4.55	1.84	=C2/B2
3	2009/4/14	4.55	1.84	=C3/B3
4	2009/7/14	4.52	1.96	=C4/B4
⋮	⋮	⋮	⋮	⋮
42	2019/1/22	8.18	3.60	=C42/B42

　決算発表日（A列）と実績EPS（B列）は、「【JNJ】PER推移」シートの

データをそのままコピーして貼り付けるだけでOKです。

　年間配当（C列）は、「【JNJ】配当利回り推移」シートで収集したデータを見ながら、決算発表日時点のDPSを入力します。そして最後に、配当性向（D列）をオートフィルで表示させれば完成です。

図3-34 ジョンソン・エンド・ジョンソン（JNJ）の配当性向推移

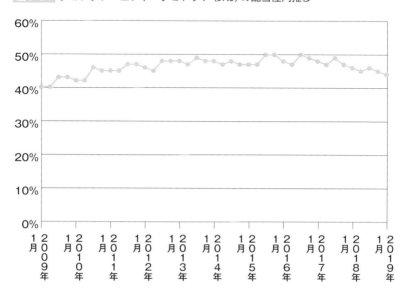

　決算発表日（A列）と配当性向（D列）データから作成した四半期ごとの配当性向が図3-34です。横軸を決算発表日（A列）、縦軸を配当性向（D列）に設定しています。

　過去10年のジョンソン・エンド・ジョンソン（JNJ）の配当性向は40％〜50％の範囲に収まっていて一定水準をキープしています。

　配当性向が横ばいで50％以下に収まっていることから、減配リスクが低く、今後も長期的な増配に期待できることが読み取れます。

集中投資がキケンな理由

　本書では、長期投資を前提として12〜18銘柄の均等分散投資と定期的なリバランスを推奨しています。

　場合によっては大きなリターンが狙える集中投資ですが、次のようなデメリットがあるため避けるべきと考えています。

集中投資のデメリット

- 再現性が低い
- 失うものが大きい
- 運の要素に左右されすぎる

◯ 再現性が低い

　集中投資には再現性が低いというデメリットがあります。なかには集中投資で大きなリターンを得る人もいますが、それはごく一部にすぎません。成功した人の陰には、何倍もの損失を出した人たちがいます。

　集中投資でリターンを得るには、多少のことで動じないメンタルが必要です。しかし、大半の人はネガティブな材料が出て株価が下がると、どんな優良株でも不安になって売りたくなるものです。常に一貫した行動を取るのは思った以上に難しい現実があります。

そもそも、過去にどんな優れたリターンを上げてきた銘柄でも、この先同じように上がり続けるとは限りません。過去の実績が未来を保証するわけではないからです。

世界は、これまで人類が経験したことのない速さで変化するようになりました。おまけに変化の速度は、今後さらに速くなっていきます。

変化するスピードが速くなるということは、不確実性の高い世の中になることを意味します。ただでさえ困難な未来予測がさらに難しくなるのです。

投資に絶対はありません。投資をギャンブルにしたくないのであれば、どんなに自信があっても集中投資はせずに分散投資を選択するのが賢明と言えます。

◎ 失うものが大きい

集中投資している銘柄の株価が下がると、ポートフォリオ全体のダメージも大きくなります。しかも、値下がり前の株価まで戻るには値下がり率より高い値上がり率が必要になります。

仮に株価が50％下がって半分になったとしましょう。すると、もとの株価に戻るには、そこから100％値上がりしなければなりません。

一度でも集中投資で大きな損失を出してしまったら、もとに戻すのはかなり大変なことです。多くの時間が必要で、場合によっては二度と戻らない可能性だってあります。

◎ 運の要素に左右されすぎる

集中投資のパフォーマンスは、実力よりも運の要素に大きく左右されます。ポートフォリオの銘柄数を減らせば減らすほど、投資の実力が反

映されにくくなるわけです。

　きちんと優良株だけに集中投資できたとしても、運が悪ければ大きな含み損を抱えることになってしまいます。

　確かに集中投資で大きな成果を出せることもありますが、それは投資の実力があったからというより運がよかったからこそ得られた結果と言えます。

　運の要素はコントロールできません。でも、実力は自身の努力で身につけることができます。

　だからこそ、長期的に実力が反映されやすい分散投資を選択して必然のリターンを目指すことが、再現性の高い建設的な行動になるわけです。

第 4 章

配当にかかる
税金の知識

株式の配当にかかる税金は、所得税と住民税でそれぞ
れ3つの課税方式から選択することになっています。
これは米国株の配当金（分配金）でも同じです。
配当の課税方式は年収や社会保険料によって最適な選
択の組み合わせが変化します。そこで、米国株の配当
金や米国ETFの分配金を受け取っている個人投資家向
けに、個々の状況にあわせて適切な課税方式を選択で
きるようになってもらうための知識を解説します。

米国株の配当にかかる
税金の仕組み

 米国株で発生する配当の二重課税とは

　配当王・配当貴族などの連続増配銘柄が豊富に存在する米国株には、税制上ネックな部分が存在します。それは米国で源泉徴収される10％の外国所得税です。

　米国株の配当金（米国ETFの分配金）を受け取る際、10％が外国所得税として自動的に差し引かれたあと、そこからさらに日本での税金20.315％が源泉徴収されてしまいます。

配当から源泉徴収される日本国内の税率内訳

所得税	:	15％
復興特別所得税	:	0.315％
住民税	:	5％
合計	:	20.315％

　国内税率20.315％の源泉徴収は配当金100％に対して行われるのではなく、外国所得税10％が引かれたあとの90％に対して行われます。計算式にすると次の通りです。

米国株の配当金源泉徴収率

受取配当金＝支払配当金×0.9（米国の源泉徴収10％）×
0.79685（日本国内の税率20.315％）＝0.717165

　本来であれば日本の税率20.315％だけ払えばいいので、受取配当金は100％－20.315％＝79.685％になります。

　しかし、米国株の配当には外国所得税10％の源泉徴収が発生するため、受取配当金は71.7165％まで下がってしまいます。つまり、合計28.2835％が源泉徴収されることになるのです。

　これは特定口座だけでなく一般口座でも同様に起こります。特定口座では、源泉徴収ありと源泉徴収なし口座の2種類がありますが、どちらを選択しても配当の税金は自動的に源泉徴収されてしまいます。

　NISA口座で米国株を保有する場合、日本の税率20.315％は源泉徴収されません。米国株の配当から外国所得税10％だけが源泉徴収されて、残りの90％が証券口座に振り込まれます。本来であれば配当も非課税のはずですが、米国で源泉徴収される10％の税金がかかってしまいます。

　NISAでは、この外国所得税10％は確定申告しても取り戻すことができません。

　なお、確定申告ではNISA口座で受け取った配当や譲渡損益は申告に含めなくていいことになっています。

 配当の課税方法は3種類から選択できる

　上場株式の配当にかかる税金は3種類の課税方式から選びます。どれ

か1つの課税方式を所得税（国税）と住民税（地方税）のそれぞれで選択することになります。

図4-1 配当の課税方式

・総合課税

・申告分離課税 ── 確定申告あり

・申告不要制度 ── 確定申告なし

　税務署に提出する確定申告は、所得税における配当の課税方式（総合課税or申告分離課税）を申告する手続きになります。

　外国税額控除を受けるために確定申告を行った場合、自治体への申告を行わなければ所得税と同じ課税方式が住民税にも適用されます。

　そのため、配当の課税方式が所得税と住民税で同じ場合は、税務署に確定申告書類を提出するだけでOKということになります。

　もし所得税と住民税で異なる課税方式を選択したいときは、自治体にも申告を行う必要があります。

　一方、確定申告を行わないと自動的に申告不要制度が選択されます。米国株で申告不要を選択した場合、配当の二重課税により税率は一律28.2835％になります。

　申告不要制度を選択すると確定申告の手間は省けますが、二重課税された税金は取り返せないので注意が必要です。

 所得税と住民税で、それぞれ別の課税方式を選択できる

　所得税（国税）と住民税（地方税）で、それぞれ異なる課税方式を選択することも可能です。

2017年度税制改正大綱において所得税と住民税の申告で異なる課税方式を選択できる旨が明文化されました。これにより、全国どこの自治体に住んでいても所得税と住民税で異なる課税方式を選択できるようになりました。

 所得税と住民税で異なる課税方式を選択するとき

　所得税と住民税で異なる課税方式を選択するには、お住まいの自治体に申告書類を提出する必要があります。自治体によって申告方法や必要な書類が異なるため、わからないことはお住まいの市区役所にお問い合わせください。

　電話で問い合わせるときは「書類の書き方」だけでなく「申告に必要な添付書類」などもあわせて確認しておくのがおすすめです。

　添付書類は「税務署に提出した確定申告書の控え（コピー）」や「特定口座年間取引報告書（コピー）」が必要な自治体もあります。

　あとで必要なことに気づいて二度手間にならないよう、事前に確認しておくのがいいでしょう。

　住民税の申告締め切りは、自治体によって異なります。少なくとも確定申告の締切日（例年3月15日）までは全国どこの自治体でも受け付けてもらえます。

　3月15日以降でも納税通知書が発送されるまでに提出すれば有効という自治体も多くあるので、必要に応じて確認するといいでしょう。

　申告書の書き方がわからないときは直接出向いて担当窓口に質問することもできます。

　毎年2月～3月の確定申告シーズンになると、市区役所などで無料相談コーナーが設置されるところもあります。機会があれば、そちらを利用してみるのもいいでしょう。

インターネットで調べる場合は、「所得税と異なる課税方式の申告（自治体名）」などのワードで検索すると自治体ホームページの説明が見つかるところもあります。

　たとえば、東京都中野区のホームページでは2つの書類を提出することで所得税と異なる課税方式を選択できると書かれています。

「特別区民税・都民税申告書」と「特別区民税・都民税申告書付表」（上場株式等に係る配当所得等及び譲渡所得等の課税方式選択用）の2点を提出することにより、上場株式等に係る配当所得等、上場株式等に係る譲渡所得等について、所得税とは異なる下記の課税方式を選択できます。

中野区　上場株式等に係る配当所得等、上場株式等に係る譲渡所得等
における所得税と異なる課税方式の申告方法について
http://www.city.tokyo-nakano.lg.jp/dept/216500/d025444.html

　また、国税庁の確定申告書等作成コーナーのように申告書の自動作成コーナーが用意されている自治体も一部あります。

　インターネットで検索すると申告作業を効率化できるヒントが見つかることがあるので、気になる方は調べてみてください。

4-2

配当の二重課税は
外国税額控除で解消する

外国税額控除を利用するには確定申告が必要

　二重課税された税金は外国税額控除を使って取り戻すことができます。ただし、外国税額控除を受けるには確定申告が必要になります。

図4-2 米国株の配当にかかる税金の種類

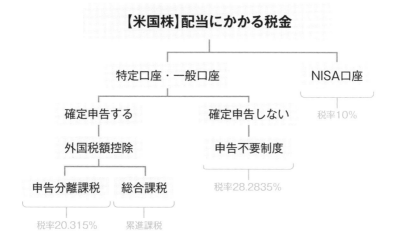

外国税額控除には限度額がある

　外国税額控除の限度額は所得税額によって決まります。そのため、所得が低くて米国株の配当がそれなりにある場合は、本来払わなくていい

税金を一部しか取り戻せないケースが出てきます。

外国税額控除の限度額

❶ 所得税の控除限度額＝その年分の所得税の額×（その年分の
　調整国外所得金額／その年分の所得総額）
❷ 復興特別所得税の控除限度額＝その年分の復興特別所得税額
　×（その年分の調整国外所得金額／その年分の所得総額）
❸ 住民税の控除限度額＝所得税の控除限度額×30％

国税庁タックスアンサーNo.1240居住者に係る外国税額控除
https://www.nta.go.jp/taxes/shiraberu/taxanswer/shotoku/1240.htm
中央区ホームページ税額控除
http://www.city.chuo.lg.jp/kurasi/zeikin/zyuminzei/zeigakukoujo.html

外国税額控除には優先順位があります。最初は所得税が控除され、所得税が控除限度額に達すると次は復興特別所得税が控除されます。

そして、復興特別所得税の控除限度額に達してもまだ控除しきれないときは住民税の都道府県民税を控除、それでも控除しきれないときは住民税の市区町村民税を控除することになっています。

 外国税額控除の繰越控除制度

所得税が少なくて外国税額控除の限度額を超えたときや限度額に満たないときは3年間の繰越控除制度が利用できます。

外国税額控除の繰越控除制度

❶ 控除対象外国所得税の額が控除限度額を超える場合
⇩
控除限度超過額を翌年以降3年間繰越

❷ 控除対象外国所得税の額が控除限度額に満たない場合
⇩
控除余裕額を最長3年間繰越

図 4-3 外国税額控除の繰越パターン

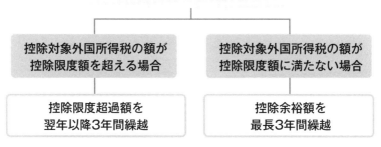

外国税額控除の繰越控除制度

控除対象外国所得税の額が 控除限度額を超える場合	控除対象外国所得税の額が 控除限度額に満たない場合
控除限度超過額を 翌年以降3年間繰越	控除余裕額を 最長3年間繰越

※ 控除限度超過額＝外国所得税－控除限度額、控除余裕額＝控除限度額－外国所得税

　外国税額控除の繰越控除は、控除対象外国所得税の額が控除限度額を超える場合と控除限度額に満たない場合に分けられます。

　どちらの場合も翌年以降3年間、控除限度超過額または控除余裕額を繰り越すことができる制度となっています。

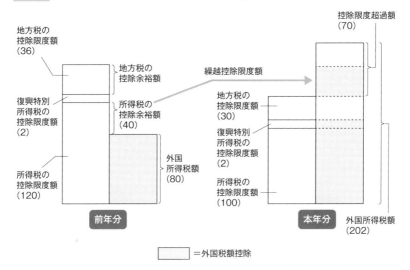

図4-4 控除対象外国所得税の額が控除限度額を超える場合

国税庁タックスアンサーNo.1240 居住者に係る外国税額控除
https://www.nta.go.jp/taxes/shiraberu/taxanswer/shotoku/1240.htm

　図4-4にあるような過去の繰越控除を利用するには、該当年度の確定申告で「控除余裕額」を申告することが必要です。サラリーマンで確定申告してこなかった人は、過去の年の確定申告をさかのぼって行うことで控除余裕額を申告できます。

　つまり、過去3年で控除余裕額が出る人は、確定申告をさかのぼることで繰越控除が使えるようになるわけです。

　ただし、すでに確定申告を行っていて外国税額控除の控除余裕額を申告していない場合は、残念ながらその年の繰越控除は利用できないことになっています。

　もし繰り越された控除余裕額を充当してもなお、外国所得税額が控除余裕額を超えるような場合は、控除限度超過額を3年先まで繰り越すことができます。控除余裕額が翌年以降3年以内に出れば繰越外国所得税額として使うことができるので、その分だけ控除しきれなかった外国所

得税額が還付されます。

図4-5 控除対象外国所得税の額が控除限度額に満たない場合

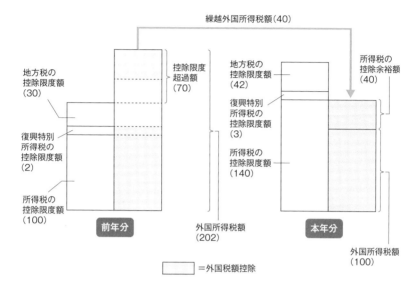

国税庁タックスアンサー No.1240 居住者に係る外国税額控除
https://www.nta.go.jp/taxes/shiraberu/taxanswer/shotoku/1240.htm

　図4-5にあるような過去3年以内の控除限度超過額を充当してもな
お、外国税額控除の控除余裕額が出る場合は、翌年以降3年先まで繰り
越すことができます。

　ただし、控除余裕額を翌年以降に繰り越すには確定申告で外国税額控
除の繰越額を申告に含めることが条件になります。申告に含めず確定申
告すると、その年の控除余裕額は繰り越すことができなくなってしまう
ので注意が必要です。

　のちに繰越控除を利用する可能性が少しでもある場合は、確定申告で
控除余裕額の申請を行っておくのがいいでしょう。

4-3

ベストな配当課税方式を
選択する

個々の状況に応じて最適な組み合わせを選択する

個々の状況に応じて最適な組み合わせを選択する

配当の課税方式は、「総合課税」、「申告分離課税」、「申告不要」の3種類から選択できます。

所得税と住民税でそれぞれ3通りの課税方式を選択できるということは、全9パターンの組み合わせが存在することになります。

図4-6 所得税／住民税の配当課税方式（組み合わせ9パターン）

No.	所得税	住民税
1	総合課税	総合課税
2	総合課税	申告分離課税
3	総合課税	申告不要
4	申告分離課税	総合課税
5	申告分離課税	申告分離課税
6	申告分離課税	申告不要
7	申告不要	総合課税
8	申告不要	申告分離課税
9	申告不要	申告不要

No.7～No.9のように所得税を申告不要にすると、所得税の外国税額控除限度額はゼロになります。

なぜなら、住民税の外国税額控除限度額は「所得税の外国税額控除限

178

度額×30％」で決まるからです。所得税の外国税額控除限度額がゼロになった時点で住民税もゼロになります（0円×30％＝0円）。

　結局どの組み合わせが一番税率を下げられるかが気になるところだと思います。結論から言うと、個々の収入や控除の状況によってベストな課税方式は異なります。

　この組み合わせを選択しておけばOKというような答えがあるといいのですが、残念ながらそのような組み合わせはないのです。

　そこで次からは、どのような考え方で配当の課税方式を選べば損しないかについて本質部分の解説をしていきます。

ベストな配当課税方式を選択するプロセス

　ベストな配当課税方式とは、配当にかかる税金だけでなく社会保険料や配偶者控除、扶養控除なども含めたトータル負担額が最も軽くなる組み合わせのことです。

　所得税と住民税のベストな配当課税方式の組み合わせは、具体的に次の手順で導き出すことができます。

ベストな配当課税方式を選択するプロセス

❶ 所得税＋住民税の合計還付額が最大になる組み合わせを探す
❷ 社会保険料、配偶者控除、扶養控除への影響がないか確認する

　サラリーマンの場合、❷のプロセスは必要ありません。自営業や無職の人だけ❷のプロセスが必要になります。

それでは、所得税と住民税に分けて❶と❷のプロセスを解説していきます。

 所得税の配当課税方式を決定する際の考え方

　所得税で総合課税を選択すると、税率は累進課税になります。配当所得だけでなく給与所得や雑所得などとあわせた所得金額に応じて税率が決定します。つまり、課税所得金額が高くなればなるほど税率が上がる仕組みになっています。

　一方で、申告分離課税の税率は一定です。所得税が一律15％、復興特別所得税が一律0.315％で、計15.315％となっています。

図4-7 所得税及び復興特別所得税の税率

課税される所得金額	総合課税		申告分離課税（申告不要）	
	所得税	復興特別所得税※	所得税	復興特別所得税
195万円以下	5%	0.105%	一律15%	一律0.315%
195万円を超え330万円以下	10%	0.21%		
330万円を超え695万円以下	20%	0.42%		
695万円を超え900万円以下	23%	0.483%		
900万円を超え1,800万円以下	33%	0.693%		
1,800万円を超え4,000万円以下	40%	0.84%		
4,000万円超	45%	0.945%		

※「所得税から差し引かれる金額」がゼロのとき
国税庁ホームページ「No.2260 所得税の税率」より作成
https://www.nta.go.jp/taxes/shiraberu/taxanswer/shotoku/2260.htm

　図4-7の通り、総合課税の税率が申告分離課税の税率を上回るかどうかのボーダーラインは課税所得金額330万円のところにあります。

　したがって、課税所得金額が330万円以下であれば総合課税を、課

税所得金額が330万円を超えたら申告分離課税を選択することで配当税率は低くなります。

　ここで注意しなければならないのが、「配当の所得税率が低い課税方式＝還付額が最大」とはならないケースもある点です。

図4-8 米国株の配当にかかる税金

● 所得税＝（配当金－外国所得税）×国内所得税率＋外国所得税－外国税額控除限度額

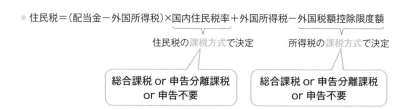

● 住民税＝（配当金－外国所得税）×国内住民税率＋外国所得税－外国税額控除限度額

　所得税の課税方式によって決定するのは、配当にかかる「所得税率」と「外国税額控除限度額」です。外国税額控除限度額は、所得税だけでなく、住民税も所得税の課税方式で決まります。「住民税の外国税額控除限度＝所得税の外国税額控除限度×30％」だからです。

　一方、住民税の課税方式で決定するのは、配当にかかる住民税率だけになります。

　これらを踏まえたうえで、所得税と住民税の合計還付額が最大になる所得税の課税方式を考えると、次の5パターンの可能性があることに気づきます。

図4-9 【条件別】所得税のベストな配当課税方式

ベストな 所得税の課税方式	所得税の還付額	住民税の外国税額 控除限度額
総合課税	総合課税＞申告分離課税	総合課税＞申告分離課税
申告分離課税	総合課税＜申告分離課税	総合課税＜申告分離課税
申告不要	所得税の還付額0円	－
条件によって変化 （次ページ参照）	総合課税＞申告分離課税	総合課税＜申告分離課税
条件によって変化 （次ページ参照）	総合課税＜申告分離課税	総合課税＞申告分離課税

　図4-9の上2つは、「所得税の還付額」と「住民税の外国税額控除限度額」の有利な課税方式が一致しているパターンです。これだと迷うことなく簡単に有利な課税方式を決定できます。

　所得税の還付額が出ないor新たな納税額が発生してしまうときは、確定申告を行わずに申告不要を選択します。所得税を申告不要にすると住民税の外国税額控除も0円になるので、必然的に住民税も申告不要を選択することになります。

　一方、下2つのように「所得税の還付額」と「住民税の外国税額控除限度額」で有利な課税方式が異なるパターンが出てくることもあります。「所得税の還付額」は総合課税が有利だけど、「住民税の外国税額控除限度額」は申告分離課税が有利になるような場合、もしくはその逆パターンですね。
　このような場合、次の基準で決定すると、所得税と住民税の合計還付額が最大になる所得税の課税方式を選択できます。

条件

〈所得税の配当課税方式：総合課税のとき〉

● 所得税の還付額　　　　　　　：　A円
● 住民税の外国税額控除限度額　：　B円

〈所得税の配当課税方式：申告分離課税のとき〉

● 所得税の還付額　　　　　　　：　C円
● 住民税の外国税額控除限度額　：　D円

所得税の還付額が高い課税方式を選択

A円－C円＞D円－B円

　　　　　　　または

C円－A円＞B円－D円のとき

住民税の外国税額控除限度額が高い課税方式を選択

A円－C円＜D円－B円

　　　　　　　または

C円－A円＜B円－D円のとき

　式にすると少し難しく感じるかもしれないですが、結局のところ「所得税の還付額」と「住民税の外国税額控除限度額」の合計が最大になる所得税の課税方式を選択すればいいだけのことです。

　ですので、総合課税と申告分離課税を選んだときの所得税の還付額の差と住民税の外国税額控除限度額の差を比較して、差が大きいほうの有利な課税方式を選択することになります。

この判断が必要になるのは、あくまでも「所得税の還付額」と「住民税の外国税額控除限度額」で有利な課税方式が異なるケースのときだけになります。使う機会も限られますから、難しいと感じたときは無理に理解しようとしなくても大丈夫です。

 扶養に入っている人は総合課税を選ぶ際に注意が必要

家族の扶養に入っている人は、配当の所得税を総合課税にするときに注意が必要です。所得金額が48万円を上回ると、扶養控除の対象から外れてしまうからです。

扶養控除の対象から外れるケース

（額面年収－給与所得控除額）＋配当金 ＞ 48万円

給与収入と配当収入がある場合は、給与所得と配当所得の合計が48万円を超えると扶養控除の対象から外れてしまいます。

2019年までは38万円でしたが、税制改正によって2020年1月から48万円に引き上げられました。

ここでもし、配当所得を含めると所得税が発生してしまう場合には、総合課税ではなく申告分離課税を選択することで扶養控除の対象から外れるのを回避できます。

ちなみに、2018年の税制改正で配偶者特別控除が拡充されたことで、所得が48万円を超えても控除対象になるケースが出てくるようになりました。

　ここで気をつけておきたいのが、所得税の控除枠は既存のままであるという点です。所得金額が所得控除を超えると所得税が発生してしまいます。

　「配偶者特別控除が適用されるから所得が48万円を超えても大丈夫」と思っていたら、会社から支給される「配偶者手当て」の対象外になっていたなんてことが起こる可能性もあるわけですね。

　所得税が発生することで配偶者の各種優遇措置が受けられなくなることも考えられるので、トータルでどちらが得か考慮したうえで課税方式を決定するようにしましょう。

 住民税の配当課税方式を決定する際の考え方

　住民税率は総合課税だと一律10％、申告分離課税もしくは申告不要だと一律5％です。

図4-10 住民税の税率

総合課税	申告分離課税	申告不要
一律10％	一律5％	一律5％

　住民税は所得によらず税率が一律であるため、総合課税よりも申告分離課税または申告不要を選択したほうが税率を低くできます。

　ただし、自営業や無職の人で国民年金保険料または国民健康保険料を納めている人は申告分離課税を選択するとき注意が必要です。

　申告分離課税と申告不要は税率が5％で同じに見えますが、外国税額控除と社会保険料に違いがあります。

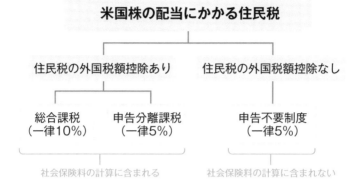

図4-11 【住民税】配当課税方式による税率と社会保険料の違い

総合課税と申告分離課税は、住民税（都道府県民税＋市区町村民税）の外国税額控除が受けられますが、配当所得が社会保険料の計算に含まれてしまいます。

つまり、自営業や無職の人は配当所得が社会保険料の計算に含まれることで、社会保険料が上がってしまうリスクがあるのです。

住民税を総合課税or申告分離課税にしたとき

- メリット ： 住民税の外国税額控除が受けられる
- デメリット ： 社会保険料が上がってしまう可能性がある

一方、申告不要を選択すると住民税の外国税額控除が受けられなくなる反面、配当所得が社会保険料の計算に含まれないので国民健康保険料・介護保険料が高くなる心配はなくなります。

住民税を申告不要にしたとき

- メリット   ： 社会保険料が上がる可能性ゼロ
- デメリット ： 住民税の外国税額控除が受けられない

　自営業や無職の人は、社会保険料の負担も含めてトータルでどっちが得なのか計算してから住民税の配当課税方式を選択することが大切になります。

　配当収入しかない人は、申告不要を選択することで住民税の所得をゼロにできます。つまり、社会保険料の負担も含めて考えると申告不要を選択したほうがトータルで得になります。

自営業や無職の人の社会保険料

- 国民年金   ： 定額（所得が一定以下だと免除制度あり）
- 国民健康保険 ： 住民税の所得によって金額が決定
- 介護保険（40歳以上）： 住民税の所得によって金額が決定

⊙ サラリーマンが住民税の配当課税方式を決定するとき

　サラリーマンであれば住民税の所得が上がっても社会保険料が上がる心配はありません。

サラリーマンの社会保険料

- 厚生年金 ： 標準報酬月額によって金額が決定
- 健康保険 ： 標準報酬月額によって金額が決定
- 雇用保険 ： 毎月の給与総額によって金額が決定
- 介護保険（40歳以上） ： 標準報酬月額によって金額が決定

外国税額控除は、所得税⇒復興特別所得税⇒住民税の順に適用されます。そのため、もし所得税の外国税額控除だけで外国所得税10％すべてを控除しきれる状態、つまり「所得税の外国税額控除限度額＞外国所得税10％」であるときは、住民税を申告不要にしたほうが税金は安くなります。申告不要を選択することで、「納税額＝源泉徴収税額」になるからですね。

米国株の配当金から源泉徴収されている住民税率

90％（外国所得税10％控除後）× 5％（住民税）＝ 4.5％

米国株の配当から源泉徴収される住民税は、外国所得税10％が源泉徴収されたあとの90％に対して5％です。つまり、実質的な源泉徴収税額は4.5％になります。

もし外国所得税10％を所得税の外国税額控除だけで全額控除できているときに申告分離課税を選択してしまうと、住民税率5％が適用され

て税率が0.5％上がってしまいます。住民税で申告分離課税を選択すると税率5％ですが、申告不要なら税率4.5％になるわけです。

　したがって、サラリーマンが住民税の配当課税方式を選ぶ際の判断基準は、所得税から控除しきれなかった住民税の外国税額控除が年間配当の0.5％を超えるかどうかになります。

住民税の選択基準（サラリーマンの場合）

- 「住民税の外国税額控除 ＞ 年間配当×0.5％」のとき

⇓

申告分離課税を選択

- 「住民税の外国税額控除 ＜ 年間配当×0.5％」のとき

⇓

申告不要を選択

　住民税の外国税額控除が年間配当の0.5％を超えているときは申告分離課税、住民税の外国税額控除が年間配当の0.5％未満のときは申告不要を選択するわけです。

　実際のところ、外国税額控除限度額だけで10％の外国所得税を全額控除できるケースというのは非常に限られています。年収や控除額によっても変わりますが、最低でも年収900万円以上必要であることが多いです。

　したがって多くのサラリーマンにとっては、所得税の配当課税方式を総合課税、住民税の配当課税方式を申告分離課税にするのが最も税率を下げられる組み合わせになります。

還付額の計算は確定申告書等作成コーナーが便利

　最終的な還付額は様々な要素によって変化しますから、自力で計算するのは大変です。そこで便利なのが、国税庁の確定申告書等作成コーナーです（https://www.keisan.nta.go.jp/kyoutu/ky/sm/top）。

　システムの指示通り数値を入力するだけで税金を自動計算してくれるので、初心者でも簡単に所得税の還付額や外国税額控除限度額を調べることができます。

　確定申告書等作成コーナーを利用して確定申告書を作成する手順については、筆者ブログ「【米国株の配当金】外国税額控除の確定申告方法を画像付きで解説」に書いてあります（https://hiromethod.com/tax-return-making-corner）。データ入力の仕方がわからないときは参考にしてみてください。

　また、読者特典として確定申告書等作成コーナーでの配当データ入力に役立つ『米国株配当集計Excelシート』がダウンロードできます。ダウンロード方法の詳細は7ページにありますので、そちらをご覧ください。

 読者特典『米国株配当集計Excelシート』の使い方

　確定申告で外国税額控除の申請を行う際に必要となるのが次の情報入力です。

外国税額控除で必要な記載事項

- 国名
- 源泉・申告の区分
- 所得の計算期間
- 所得の種類
- 税種別

- 納付確定日
- 給付日
- 相手国での課税標準
- 左に係る外国所得税額

　『米国株配当集計Excelシート』では、外国税額控除で必要な記載事項にあわせてシートが作成されています。米国株の配当データを前提に共通事項をあらかじめ入力してあるので、残りの空白セルを埋めれば必要事項の集計は完了です。

　このシートを使って事前に1年分の配当データを集計しておくと、確定申告で外国税額控除を申請する際に必要となるデータ入力がスムーズになります。
　また、確定申告書等作成コーナーで還付額を試算する際にも役立ちます。

　ここからは『米国株配当集計Excelシート』の使い方についてレクチャーします。
　実際のファイルを見ながらのほうが理解しやすいので、ぜひダウンロードしてから読み進めてみてください。

図4-12 米国株配当集計Excelシート（A列〜C列）

	A	B	C
1	NO.	国名	源泉・申告
2			の区分
3	記入例	米国	源泉
4	1	米国	源泉
5	2	米国	源泉
6	3	米国	源泉

　図4-12は、『米国株配当集計Excelシート』のA列〜C列です。A列には入力件数がわかるように数字を入れてあります。

　B列の「国名」には、すべて米国と入力してあります。ドル建て米国株口座の配当もしくは分配金だからですね。

　C列の「源泉・申告の区分」には、すべて源泉と入力してあります。配当は、特定口座（源泉徴収あり・なし）あるいは一般口座のどれであっても源泉徴収されるのは共通しています。

図4-13 米国株配当集計Excelシート（D列〜H列）

	D	E	F	G	H
1			所得の計算期間	所得の種類	税種別
2					
3	2019	年	1月1日〜12月31日	株式の配当等	源泉所得税
4		年	1月1日〜12月31日	株式の配当等	源泉所得税
5	=D$4	年	1月1日〜12月31日	株式の配当等	源泉所得税
6	=D$4	年	1月1日〜12月31日	株式の配当等	源泉所得税

　図4-13は、『米国株配当集計Excelシート』のD列〜H列です。D列には配当を受け取った年を入力します。D4セルに1つ入力すると、それ以下は自動的に同じ数字が入力されるようにシートを組んであります。

確定申告は1年ごとの申告になるので、F列はすべて1月1日〜12月31日と入力してあります。

G列の「所得の種類」には、すべて株式の配当等と入力してあります。最後に"等"とつけているのは、配当だけでなく分配金もカバーするめです。

確定申告は所得税の申告を行うためのものですので、H列の「税種別」にはすべて源泉所得税と入力してあります。

図4-14 米国株配当集計Excelシート（I列〜J列）

	I	J
1	納付確定日	納付日
2		
3	配当金通知の確定日を記入	配当金通知の支払開始日を記入
4		
5		
6		

図4-14は、『米国株配当集計Excelシート』のI列〜J列です。I列の「納付確定日」には、証券会社から発行される配当金通知に書かれた確定日を入力します。

証券会社によっては確定日ではなく別の表現になっていることもあるので、そのときは納付確定日に準ずる日付を入力してください。

J列の「納付日」には、証券会社から発行される配当金通知に書かれた支払開始日を入力します。

証券会社によっては、納付日ではなく別の表現になっていることもあるので、そのときは納付日に準ずる日付を入力してください。

「納付確定日」と「納付日」は、配当支払いごとに日付が異なります。米国株は年4回配当のケースが多いため、同一銘柄でも4行に分かれる

のが基本です。

米国株配当集計Excelシート（K列～N列）

	K	L	M	N
1	相手国での課税標準		左に係る外国所得税額	
2	外貨（ドル）	円貨（円）	外貨（ドル）	円貨（円）
3	配当金通知の税引前ドル建て配当合計額を記入	配当金通知の税引前円建て配当合計額を記入	配当金通知のドル建て外国源泉徴収税額を記入	配当金通知の円建て外国源泉徴収税額を記入
4				
5				
6				

図4-15は、『米国株配当集計Excelシート』のK列～N列です。「相手国での課税標準」というのは税引前の配当合計額になります。

配当金通知に書かれた税引前ドル建て配当合計額をK列に、税引前円建て配当合計額をL列に入力しましょう。

「左に係る外国所得税額」は、源泉徴収された外国所得税の金額になります。配当金通知に書かれたドル建て外国源泉徴収税額をM列に、円建て外国源泉徴収税額をN列に入力しましょう。

米国株式だと外国所得税の源泉徴収税額は課税標準×10％です。ただし、ADR（米国預託証券）の配当は国によって源泉徴収される外国所得税率が異なります。必ずしも10％というわけではないので注意しましょう。

 NISAを活用することで米国株の税率を下げられる

NISA（少額投資非課税制度）を活用することで米国株の配当税率を10％に、売却益を非課税にすることができます。

米国株の配当から源泉徴収される外国所得税10％はNISA枠でも取り

戻すことができないため、残念ながら完全非課税にすることはできません。

しかしながら、外国所得税0％の国のADRであれば売却益だけでなく配当税率もゼロにすることができます。

そのため、税制面だけに焦点を絞ってNISAのことを考えた場合、米国株より外国所得税0％のADRをNISA枠に充てたほうが合理的と言えます。

図4-16 NISAの概要

非課税投資枠	年120万円（非課税投資枠：最大600万円）
非課税期間	最長5年間
投資可能期間	2014年〜2023年

証券会社でNISA口座を開設すると、1年で120万円分の非課税枠が利用できるようになります。

NISA口座で米国株を購入したときは、非課税投資枠の計算に購入時の為替レートが適用されます。

なお、つみたてNISAは金融庁が指定した日本の投資信託が対象となっているため、米国個別株の利用はできません。

サラリーマンが
確定申告するデメリット

 サラリーマンの年間20万円以下申告不要ルール

　サラリーマン（給与所得者）の場合、次のような条件に該当しなければ確定申告を行わなくていいというルールがあります。

給与所得者で確定申告が必要な人

① 給与の年間収入金額が2,000万円を超える人

② 1か所から給与の支払を受けている人で、給与所得及び退職所得以外の所得の金額の合計額が20万円を超える人

③ 2か所以上から給与の支払を受けている人で、主たる給与以外の給与の収入金額と給与所得及び退職所得以外の所得の金額の合計額が20万円を超える人

タックスアンサー　給与所得者で確定申告が必要な人
https://www.nta.go.jp/taxes/shiraberu/taxanswer/shotoku/1900.htm

　所得とは、収入から経費を差し引いた金額のことを指します。年間収入が20万円を超えたとしても、経費を差し引いた金額が20万円以下であれば申告不要ルールの対象です。

20万円以下申告不要ルールは国税の所得税では認められている一方で、住民税では認められていません。

　そのため、申告不要ルールの対象で確定申告を省略する人も、年末調整に含まれていない所得が1円でも発生していれば、別途自治体にだけ申告する必要が出てきます。

 ## 確定申告するときは全所得の申告が必要

　年間20万円以下申告不要ルールは確定申告すると適用外になります。そのため、米国株の外国税額控除を受けるために確定申告すると、年末調整に含まれていない所得はすべて申告しなければならなくなります。

　これは、医療費控除などの各種税制優遇措置を受けるために確定申告する場合も一緒です。

 ## ふるさと納税ワンストップ特例制度も適用対象外に

　確定申告する場合には、ふるさと納税ワンストップ特例制度も適用対象外になるので注意が必要です。

　自治体に申請書を提出していてワンストップ特例制度の適用条件を満たしていたとしても、確定申告を行うときは必ずふるさと納税の寄附金控除を含めるようにしましょう。

　確定申告で寄附金控除の申告漏れが発生すると、控除が受けられず自治体に寄附したお金で返礼品を買っただけになってしまいます。

 ## 確定申告すると逆に税金が高くなることも

　外国税額控除を受けるために確定申告を行うと、かえって多くの税金を支払うことになる場合もあります。

　年間20万円ルールにより申告に含めなくてよかった所得がプラスさ

れることで、支払う税金が結果的に増えてしまわないように気をつけま
しょう。

　給与以外に年間20万円以下の所得があって申告不要ルールが使える
サラリーマンは、国税庁の確定申告書等作成コーナーで、還付される税
金が出るか試算してみるのがわかりやすいです。
　必要事項をすべて入力して試算した結果、還付される税金が出たら確
定申告、支払う税金が出たら年間20万円ルールにより確定申告しない
とすればいいわけです。
　入力漏れや入力ミスがあると確定申告すべきかどうかの正確な判断が
できなくなってしまうので、念のため試算は複数回することをおすすめ
します。

4-5

年収ごとの
「米国株」配当税率一覧

→ 試算条件

　ここでは参考情報として、米国株の年間配当10万円、30万円、50万円、100万円の4パターンで、年収別の配当税率がどう変化するかを紹介します。具体的な試算条件は次のように設定しました。

試算条件

- 基礎控除　　　　：　48万円
- 給与所得控除　：　給与収入に応じた控除額
- 外国税額控除の繰越控除制度　：　適用なし

　基礎控除と給与所得控除は2020年の税制で試算します。なるべく多くの人の参考になるよう、最低限の控除以外は適用しない条件にしました。

　それともう1つ、試算に必要な条件として勤務先の源泉徴収税額と社会保険料を次のように設定します。

図4-17 【試算条件】源泉徴収税額と社会保険料

額面年収	勤務先の 源泉徴収税額	社会保険料 （源泉徴収）
100万円	0円	161,000円
200万円	27,800円	309,000円
300万円	55,600円	474,000円
400万円	86,400円	619,000円
500万円	142,500円	748,000円
600万円	208,300円	914,000円
700万円	319,200円	1,075,000円
800万円	484,600円	1,174,000円
900万円	659,400円	1,226,000円
1,000万円	832,800円	1,283,000円

　上記の「額面年収」は、ボーナスも含めた額面年収になります。「勤務先の源泉徴収税額」は、源泉徴収票に記載されている「所得控除の額の合計額」のことです。この源泉徴収税額に住民税は含まれておらず、所得税だけの金額を記載しています。

　「社会保険料（源泉徴収）」は、40歳未満かつ独身者の標準的な金額を設定しました。1年分の合計額です。

　以上で試算に必要な条件が揃いました。それでは、年収別「米国株」配当税率に移りたいと思います。

　米国株の年間配当10万円、30万円、50万円、100万円の4パターンで試算した配当税率は次のようになりました。

米国株の年間配当が税引前10万円のケース

配当の源泉徴収税額

- 外国所得税　：　10万円×10％＝1万円
- 国内所得税　：　9万円×15.315％＝1万3783円
- 国内住民税　：　9万円×5％＝4,500円

図4-18 米国株の年間配当が10万円のとき

額面年収	選択する課税方式		【米国株】配当税率 （所得税＋住民税）
	所得税	住民税	
100万円	総合課税	申告不要	14.5％
200万円	総合課税	申告分離課税	16.5％
300万円	総合課税	申告分離課税	15.3％
400万円	総合課税	申告分離課税	14.4％
500万円	総合課税	申告分離課税	16.0％
600万円	総合課税	申告分離課税	14.0％
700万円	申告分離課税	申告分離課税	11.1％
800万円	申告分離課税	申告分離課税	7.1％
900万円	申告分離課税	申告不要	15.8％
1,000万円	申告不要	申告不要	28.3％

　額面年収900万円以下のときは、配当税率7.1％〜16.5％に収まりました。額面年収1,000万円のときだけ所得税の還付額が出なかったため、申告不要を選択しています。

配当の源泉徴収税額

- 外国所得税　：　30 万円 × 10% ＝ 3 万円
- 国内所得税　：　27 万円 × 15.315% ＝ 4 万 1350 円
- 国内住民税　：　27 万円 × 5% ＝ 1 万 3500 円

図4-19 米国株の年間配当が 30 万円のとき

額面年収	選択する課税方式		【米国株】配当税率 （所得税＋住民税）
	所得税	住民税	
100 万円	総合課税	申告不要	15.6%
200 万円	総合課税	申告分離課税	16.5%
300 万円	総合課税	申告分離課税	15.8%
400 万円	総合課税	申告分離課税	15.5%
500 万円	総合課税	申告分離課税	18.2%
600 万円	総合課税	申告分離課税	16.0%
700 万円	申告分離課税	申告分離課税	18.1%
800 万円	申告分離課税	申告分離課税	16.2%
900 万円	申告分離課税	申告不要	18.7%
1,000 万円	申告分離課税	申告不要	24.7%

　額面年収 1,000 万円を除いて配当税率は 10% 台後半でした。所得税の課税方式は、額面年収 700 万円以上で申告分離課税に切り替わっています。

米国株の年間配当が税引前50万円のケース

配当の源泉徴収税額

- 外国所得税　：　50万円×10％＝5万円
- 国内所得税　：　45万円×15.315％＝6万8917円
- 国内住民税　：　45万円×5％＝2万2500円

図4-20 米国株の年間配当が50万円のとき

額面年収	選択する課税方式		【米国株】配当税率 （所得税＋住民税）
	所得税	住民税	
100万円	総合課税	申告分離課税	18.0％
200万円	総合課税	申告分離課税	16.2％
300万円	総合課税	申告分離課税	15.8％
400万円	総合課税	申告分離課税	17.1％
500万円	総合課税	申告分離課税	18.4％
600万円	総合課税	申告分離課税	20.4％
700万円	申告分離課税	申告分離課税	19.3％
800万円	申告分離課税	申告分離課税	17.7％
900万円	申告分離課税	申告不要	19.2％
1,000万円	申告分離課税	申告不要	22.7％

　額面年収600万円と1,000万円を除いて配当税率10％台後半に収まりました。こちらも額面年収700万円以上で所得税の課税方式が申告分離課税に切り替わっています。

米国株の年間配当が税引前100万円のケース

配当の源泉徴収税額

- 外国所得税 ： 100万円×10％＝10万円
- 国内所得税 ： 90万円×15.315％＝13万7835円
- 国内住民税 ： 90万円×5％＝4万5000円

図4-21 米国株の年間配当が100万円のとき

額面年収	選択する課税方式		【米国株】配当税率 （所得税＋住民税）
	所得税	住民税	
100万円	総合課税	申告分離課税	15.4％
200万円	総合課税	申告分離課税	15.7％
300万円	総合課税	申告分離課税	15.8％
400万円	総合課税	申告分離課税	17.7％
500万円	総合課税	申告分離課税	18.2％
600万円	申告分離課税	申告分離課税	21.2％
700万円	申告分離課税	申告分離課税	19.6％
800万円	申告分離課税	申告分離課税	19.0％
900万円	申告分離課税	申告不要	19.4％
1,000万円	申告分離課税	申告不要	21.3％

　米国株の年間配当100万円でも、15.4％〜21.3％の配当税率に収まりました。そこまで高い配当税率にはならないです。

図4-18～図4-21の結果をまとめると、ほとんどの年収で米国株の配当税率は10%台後半に収まりました。きちんとベストな課税方式の組み合わせを選択すれば、米国株の配当でもここまで税率が低くなります。

　ここでの試算結果は、最低限の控除だけを適用したときの配当税率です。配偶者控除や扶養控除などが適用されることで、同じ年収、年間配当でも税率が増減する場合があります。
　個々の税率を知りたい方は、確定申告書等作成コーナーで試算してみると正確な数値が把握できます。条件にあわせて数値を入力するだけなので、意外と簡単に調べられます。

 米国株の配当にかかる最終的な税率を求める手順

　図4-18～図4-21に示した配当税率は、次のような手順で計算しています。

> **米国株の配当税率を求める手順**
>
> ❶ 配当を確定申告に含めることで還付される所得税額を求める
> ❷ 配当を申告に含めることで還付される住民税額を求める
> ❸ 「証券会社で源泉徴収された28.2835%の税額－（所得税と住民税の還付額）＝配当にかかる税額」を求める
> ❹ 米国株の配当税率＝配当にかかる税額÷米国株の年間配当

　❶と❷は配当を申告に含めるときと含めないときの還付額の差になります。申告不要を選択すると、ここはゼロになります。

❸では二重課税された源泉徴収税額から還付額を差し引くことで、配当にかかる最終的な税額を求めています。

そして最後に、❹で最終的な税額から税率を計算するという流れです。

具体例として、年収500万円のサラリーマンが年間50万円の米国株配当金を受け取ったときに、最終的な配当税率が何％になるか計算してみましょう。

ここではベストな配当課税方式を選択するプロセスを省略して、図4-22の組み合わせだと還付額を最も高くできることがわかったとします。

図4-22 所得税と住民税の還付額

額面年収	社会保険料 （源泉徴収）	総合課税	申告分離課税
		還付される所得税	還付される住民税
500万円	70万9000円	4万2277円	4,681円

それでは配当税率の計算に入ります。実質的な税金がいくらだったかがわかればいいので、やることは「源泉徴収税額－還付額」です。

配当の源泉徴収税額

- 外国所得税 ： 50万円×10％＝5万円
- 国内所得税 ： 45万円×15.315％＝6万8917円
- 国内住民税 ： 45万円×5％＝2万2500円

上記の源泉徴収税額から図4-22にある還付額を差し引くと実質的な

配当税額が求められます。所得税と住民税をまとめて計算したのが次の式です。

このケースでは、米国株の配当50万円に対して9万4459円の税金がかかることがわかりました。あとはこれらを割り算するだけで税率が求められます。

以上より、米国株の配当にかかった税率は合計18.89％と求めることができました。

ちなみに、米国株の配当以外に医療費控除や生命保険料控除などの各種控除を申告する場合は、配当を申告に含めるときと含めないときの還付額の差を求めて税率を計算するといいでしょう。

未来の増税リスクから考える配当税制のメリット

　配当税率にも影響する「基礎控除」と「給与所得控除」の見直しが2020年1月に実施されました。

　これにより総合課税を選択したときの配当税率にも多少の影響が出ることから、本書では2020年の税制にあわせて記載を統一しています。

図4-23 基礎控除の見直し

合計所得金額	基礎控除額	
	2019年	2020年
2,400万円以下	所得税：38万円 （住民税：33万円）	所得税：48万円 （住民税：43万円）
2,400万円超 2,450万円以下		所得税：32万円 （住民税：29万円）
2,450万円超 2,500万円以下		所得税：16万円 （住民税：15万円）
2,500万円超		所得税：0円 （住民税：0円）

　上記の通り合計所得金額2,400万円以下であれば、基礎控除が10万円引き上げられます。その代わり、給与所得金額850万円以下の給与所得控除が10万円引き下げられます。

　給与収入850万円以下のサラリーマンにとっては、控除額がプラスマイナスゼロなので特に影響はありません。一部の高給取りに対して実質的な増税を行う制度変更になります。

図4-24 給与所得控除の見直し

給与所得金額	給与所得控除額	
	2019年	2020年
162万5000円以下	65万円	55万円
162万5000円超 180万円以下	収入金額×40%	収入金額×40%－10万円
180万円超 360万円以下	収入金額×30%＋18万円	収入金額×30%＋8万円
360万円超 660万円以下	収入金額×20%＋54万円	収入金額×20%＋44万円
660万円超 850万円以下	収入金額×10%＋120万円	収入金額×10%＋110万円
850万円超 1,000万円以下		195万円（上限額）
1,000万円超	220万円（上限額）	

◯ 申告分離課税の増税は時間の問題か

2019年度税制改革で、株の譲渡益及び配当にかかる申告分離課税の税率を次のように改正することが検討されました。

申告分離課税の税率

- 所得税＋復興特別所得税：15.315%　⇒　20.42%
- 住民税：5%　⇒　5%

検討されたのは、所得税＋復興特別所得税の税率を約5%引き上げ、住民税はそのまま据え置きという改正案です。

結果的に2019年度の増税は見送られましたが、今後も税制改革のたびに増税が議論されるのは間違いないでしょう。

　少子高齢化により税収確保がますます厳しくなるなか、株の売却益や配当にかかる申告分離課税の税率アップは時間の問題と考えるのが自然なように思います。

◉ 配当税率は増税の影響が小さい

　個人の場合、株の譲渡益に対する課税方式は申告分離課税しか選べません。一方で、配当の課税方式は総合課税が選択できます。

　一部の高給取り以外は、どのみち有利な総合課税を選択することになりますから、申告分離課税が増税されても税率は変わらないことになります。

　総合課税の所得税率が増税されない限り、配当税率は多くの人にとって増税にはならないわけです。

　仮に申告分離課税の税率が上がるとなれば、大多数の人にとって株の譲渡益にかかる税率と配当税率との差が広がることになります。

　つまり増税されたときのことを考えると、これまで以上に株価の値上がり益より配当でリターンを受け取ったほうが税制上有利になるのです。

　連続増配銘柄の株価が下がって割安になると、往々にして配当利回りが高くなります。そのため、未来の増税リスクの観点からも、連続増配銘柄の長期バリュー投資で安定配当を受け取ることが合理的な判断になる可能性は十分あると言えます。

第 **5** 章

米国株と
配当金生活

米国株で配当金生活するときの税率は思いのほか低く
抑えることができます。配当金生活では税金だけでな
く社会保険料もコストになりますが、これも知識があ
れば非常に低く抑えることが可能です。
配当金生活を目指す人のために、配当収入しかないと
きの配当税率と社会保険料を同時に抑えるテクニック
を紹介します。

5-1

配当金生活するときの
社会保険料

 配当収入しかなければ前年所得をゼロにできる

　米国株で配当金生活を行うときの社会保険料は、国民年金保険料・国民健康保険料・介護保険料（40歳以上）を支払うことになります。

社会保険料

- 国民年金保険料
- 国民健康保険料
- 介護保険料（40歳以上）

　これら社会保険料は前年所得によって金額が決定します。収入が配当金のみであれば、配当にかかる課税方式を住民税で申告不要にすることで前年所得をゼロにすることが可能です。

　そこで次からは、前年所得がゼロになったときの社会保険料が大体いくらになるかを見ていきたいと思います。まずは国民年金保険料から解説します。

国民年金保険料の免除制度

　前年所得が一定以下であれば、申請により国民年金保険料の支払いを免除することができます。免除の割合は「4分の1」、「半額」、「4分の3」、「全額」の4段階が設定されており、次の所得基準によって決定します。

国民年金免除の所得基準

- 全額免除
  前年所得が以下の計算式で計算した金額の範囲内であること
  （扶養親族等の数＋1）×35万円＋22万円

- 4分の3免除
  前年所得が以下の計算式で計算した金額の範囲内であること
  78万円＋扶養親族等控除額＋社会保険料控除額等

- 半額免除
  前年所得が以下の計算式で計算した金額の範囲内であること
  118万円＋扶養親族等控除額＋社会保険料控除額等

- 4分の1免除
  前年所得が以下の計算式で計算した金額の範囲内であること
  158万円＋扶養親族等控除額＋社会保険料控除額等

日本年金機構　国民年金保険料の免除制度・納付猶予制度
https://www.nenkin.go.jp/service/kokunen/menjo/20150428.html

【国民年金の免除制度】世帯構成別所得の基準

世帯構成	全額免除	3/4免除	1/2免除	1/4免除
単身世帯	57万円	93万円	141万円	189万円
2人世帯（夫婦のみ）	92万円	142万円	195万円	247万円
4人世帯（夫婦＋子ども2人）	162万円	230万円	282万円	335万円

　前年所得がゼロの人は、国民年金の全額免除申請を行うことで支払い
をゼロにできます。免除申請を行わなければ前年所得ゼロでも通常の保
険料を支払うことになるので注意してください。

全額免除でも老齢年金は2分の1もらえる

　全額免除が認められると、免除期間は保険料を払わなくても2分の1
を納めたこととしてカウントしてもらえます。将来もらえる老齢年金は
満額ではありませんが、次の式で計算した金額が受け取れます。

図 5-2 老齢基礎年金の年間支給額（2019年度）

日本年金機構　老齢年金（昭和16年4月2日以後に生まれた方）
https://www.nenkin.go.jp/service/jukyu/roureinenkin/jukyu-yoken/20150401-03.html

全額免除でも障害年金と遺族年金の給付額は変わらない

　年金が全額免除になっても障害年金と遺族年金の給付額は減額されま
せん。給付対象になったときは満額もらうことができます。

ただし、直近1年間の年金が未納のままだと受給資格がない状態になってしまいます。未納期間を出さないためにも、年金を払わないのであれば必ず免除申請をするようにしましょう。

退職後は「失業等による保険料免除」を利用する

　国民年金が免除されるかどうかの条件は「前年の所得」で決まります。しかし、サラリーマンを辞めたばかりだと前年所得が免除基準を超えているため免除申請することができません。

　そこで利用するのが、「失業等による保険料免除」という制度です。この制度を利用することで退職後1年以上、国民年金の支払いが免除されます。
　この制度を受けるには、退職してから14日以内に「離職票」あるいは「雇用保険受給資格者証」を持って申請することが条件になります。

注意点

単身1人暮らし世帯の人は、ほぼ間違いなく申請が通ります。
一方、配偶者（結婚相手）の年収や世帯主（親）の収入が一定以上ある人だと免除申請が通らない可能性も出てきます。

　国民年金保険料における免除等の年度区切りは7月から翌年6月までとなっています。
　そのため、「失業等による保険料免除」は失業（退職）した前月から翌々年6月までが全額免除の適用期間になります。

2020年6月1日に退職したときの免除期間

- 退職後14日以内に申請　：　2020年5月〜2021年6月
- 2021年6月に再度申請　：　2021年7月〜2022年6月

2020年12月1日に退職したときの免除期間

- 退職後14日以内に申請　：　2020年11月〜2021年6月
- 2021年6月に再度申請　：　2021年7月〜2022年6月

　12月退職は6月退職より「失業等による保険料免除」の適用期間が短くなります。しかし、終了後は前年所得による免除申請に切り替えることで全額免除を継続できます。

　つまり、退職後に配当収入しかなければ、退職時期がいつであっても国民年金保険料をゼロにし続けることが可能になります。

 国民健康保険料・介護保険料は前年所得ゼロで7割免除

　国民健康保険料と介護保険料は、所得がゼロであったとしても全額免除されない仕組みになっています。代わりに減額制度が用意されており、前年の世帯所得にあわせて「7割」、「5割」、「2割」の減免が段階的に適用されます。所得ゼロでも全額免除にならないのは、国民年金と大きく異なる点です。

介護保険料は40歳以上になると保険料が発生します。39歳以下であれば介護保険料はゼロで、国民健康保険料のみとなります。

図5-3 国民健康保険における減額基準（2019年度）

減額割合	前年の世帯所得
7割	33万円以下
5割	33万円＋（28万円×被保険者数）以下
2割	33万円＋（51万円×被保険者数）以下

　これら減額は、条件を満たしていれば自動的に適用されます。配当収入しかないケースだと、住民税の配当課税方式を申告不要にする申請を行っていれば所得はゼロになりますので、7割減額が適用されます。

国民健康保険料・介護保険料は自治体ごとに異なる

　住んでいる市区町村によって国民健康保険料・介護保険料の金額は変わります。全国共通で一律いくらと表記することができない仕組みになっています。

国民健康保険料の内訳

- 医療分
- 支援金分
- 介護分（40歳以上）

　上記3つに対して「所得割」、「均等割」、「平等割」、「資産割」がかかります。そして、それを合計したものが国民健康保険料になります。

図5-4 国民健康保険の保険料内訳

- 所得割 ： 世帯所得に応じてかかる保険料
- 均等割 ： 1人に対して均等にかかる保険料
- 平等割 ： 世帯に対して平等にかかる保険料
- 資産割 ： 世帯の固定資産税に対してかかる保険料

資産割については、廃止している自治体もあります。廃止自治体に住んでいれば、固定資産税があってもなくても資産割はゼロになります。

退職翌年度は「所得減少による減免制度」が利用できる

国民健康保険は前年所得をもとに4月〜翌年3月の保険料が決定します。退職後の翌年は、サラリーマン時代の所得をもとに保険料が決定するため、年収が高ければ高いほど翌年度の保険料が高額になってしまいます。

そんなとき利用したいのが「所得減少による減免制度」です。具体的な対象基準は市区町村によって異なりますが、大まかな目安としては次

のようになります。

所得減少による減免制度

- 今年度の世帯所得が前年度に比べ30％以上減少していること
- 今年度の世帯所得が250万円以下であること

　サラリーマンを退職して配当金生活をするようなケースでは、大半の人がこれらの条件を満たすので利用しないと損です。

　「所得減少による減免制度」を利用するには事前の申請が必要になります。自治体によって申請の手続きが異なりますので、詳しくは市区役所などの担当窓口にお問い合わせください。

 前年所得ゼロだと社会保険料はいくらになるか？

　ここまで解説してきたように、前年所得がゼロになると次のような社会保険料の免除が受けられます。

前年所得がゼロのとき

- 国民年金保険料 ： 全額免除（要申請）
- 国民健康保険料＋介護保険料 ： 7割減額

すべての免除制度をフル活用することで、「社会保険料の合計額＝国民健康保険料＋介護保険料」という図式を成り立たせることができます。

結局のところ、前年所得がゼロになると社会保険料がいくらになるかが気になると思います。そこで、全国のなかでも保険料が高い部類に入る広島市で2019年度の社会保険料を試算してみたいと思います。

図5-5 前年所得ゼロのときの国民健康保険料（広島市）

	39歳以下	40歳〜64歳（介護分込み）
単身世帯	年額2万987円	年額2万5742円
家族世帯	年額4万1279円	年額4万8709円

単身世帯は独身1人の国民健康保険料、家族世帯は夫婦2人＋子ども1人の国民健康保険料です。

家族世帯の39歳以下は家族全員が39歳以下、家族世帯の40歳〜64歳は夫婦2人が40歳〜64歳＋子ども1人が39歳以下という条件で試算しました。

国民健康保険料・介護保険料は自治体によって異なるものの、保険料が高い広島市でも単身世帯で年3万円以下となりました。思った以上に安く感じた人が多いのではないでしょうか。前年所得ゼロによる7割減額が効いています。

国民年金保険料は全額免除申請を行えばゼロになります。したがって、単身者が配当金生活するときの社会保険料は全国どこであってもトータル年3万円以下と考えることができます。

配当金生活を目指す人にとって、社会保険料をここまで下げられる事実というのはかなり追い風になると思います。

あとは生活費さえ下げることができれば、配当金生活のハードルは思いのほか低くなります。

5-2

配当金生活するときの配当税率

→ 米国株の配当収入しかないときの配当税率

　米国株の運用で配当金生活するとなると、当然収入は配当金のみとなります。そこで次のような条件を設定し、米国株の年間配当ごとに具体的な税額計算をしてみたいと思います。

試算条件

- 基礎控除　：　48万円
- 社会保険料控除　：　2万5742円（前年所得ゼロ）
- 米国株の配当以外の収入　　　：　なし
- 外国税額控除の繰越控除制度　：　利用なし
- 住民税の課税方式　：　申告不要

　社会保険料を抑えるために住民税の課税方式は、すべて申告不要を選択します。こうすることで社会保険料の計算に使われる前年所得をゼロにできるからです。

　前年所得ゼロのときの社会保険料控除として2万5742円を設定しました。この金額は、図5-5にある単身世帯かつ40歳〜64歳の数字をそ

のまま持ってきています。国民年金保険料は全額免除、国民健康保険料・介護保険料は7割免除を適用した金額です。

図5-6 米国株の配当収入しかないときの配当税率

配当収入	還付される所得税		配当税率 （所得税＋住民税）
	総合課税	申告分離課税	
100万円	~~137,835円~~	137,835円	14.22%
200万円	275,670円	~~246,864円~~	14.22%
300万円	413,505円	~~331,549円~~	14.22%
400万円	551,340円	~~416,234円~~	14.22%
500万円	689,175円	~~500,919円~~	14.22%
600万円	741,613円	~~585,604円~~	15.64%
700万円	775,248円	~~670,289円~~	16.93%
800万円	792,220円	~~754,974円~~	18.10%
900万円	~~795,225円~~	839,659円	18.67%
1,000万円	~~747,793円~~	924,344円	18.76%

　所得税の配当課税方式を総合課税と申告分離課税で、それぞれ還付額を記載しました。還付額が少ないほうは選ばないので見え消しにしています。

　配当収入100万円のところは還付額が同じなので、外国税額控除限度額が大きい申告分離課税を選択しました。

　図5-6の結果を見て、思った以上に税率が低く抑えられていると感じた人が多いのではないでしょうか。

　米国株の年間配当が500万円以下なら所得税と住民税の合計税率は14.22%まで下がります。年間配当が1,000万円あったとしてもトータル税率は18.76%です。

米国株の配当金生活は株安よりも円高リスクに注意

　これまで世界的な不況が起こると、たびたび為替レートは円高に動いてきました。日本では円ベースの生活ですから、急激な円高が起こるとドルベースで受け取る配当金は円換算で減少してしまいます。

　仮に世界的な不況で株価が大暴落したとしても、25年以上連続増配銘柄に分散投資していればドルベースの受取配当金が大きく減るようなことはないでしょう。それよりむしろ円高リスクのことを考えておいたほうが、よほど現実的なリスクヘッジになります。

　では実際にリセッションが発生すると、どれくらい円高に動くのでしょうか？

　100年に一度の不況と呼ばれたリーマンショックのドル円チャートで確認してみたいと思います。

図5-7 ドル円チャート（2007年〜2015年）

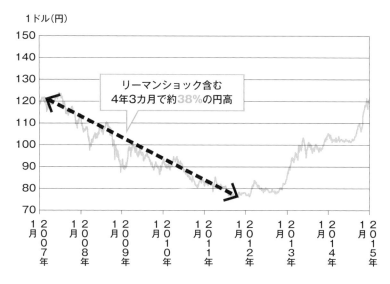

2007年〜2012年にかけて1ドル＝123円から75円近くまで円高が進みました。トップからボトムまで約38%の円高です。

今後リセッションが発生して世界的な不況に入ると、このように円高が長期で続くことも考えられます。ギリギリの配当金で生活していると、円高による受取配当金の減少により、保有している米国株を売却しないと生活できなくなってしまう可能性も出てきます。

よって、持続可能な配当金生活を送るには最低限生活に必要な配当金+30%以上の余裕を持っておくことが大切になります。

 外国所得税0%のADR（米国預託証券）

米国証券市場にはADR（米国預託証券）という制度があります。ADRはAmerican Depositary Receiptの略で、米国以外で上場している企業の株式を米ドル建てで購入するための仕組みです。

ADRを利用することで、米国外の株式を米国株口座からドル建て購入できるようになります。

ADRの配当には、その企業が上場している国の税率が適用されます。次に示す国のADRは外国所得税が0%であるため、配当の二重課税が発生しないメリットがあります。

外国所得税が0%となるADR（日本居住の場合）

- イギリス
- オーストラリア
- インド
- ブラジル
- 香港
- シンガポール

　配当の二重課税が発生しないADRのなかには連続増配銘柄も存在します。ここで言う連続増配は、その銘柄が採用する通貨ベースで増配されてきたという意味になります。

　ですので、必ずしも米ドル建ての配当支払額がきれいに増配されるとは限りません。為替レートの影響を受けます。

　たとえば、イギリスADRの連続増配銘柄でポンドを基準に配当支払額を決定する銘柄があったとします。もし何らかの理由で急激なポンド安になると、ポンド建ての連続増配が継続していても米ドル建ての配当支払額は減少することになります。

　一部ADRには米ドル建てで配当支払額を決定する銘柄もあります。そのような銘柄が連続増配する場合は米ドル建ての配当支払額がきれいに増配されます。

ADR手数料

ADRは間接的に株式を保有する制度を利用するため、四半期～1年ごとにわずかなADR手数料が発生します。
銘柄によってADR手数料は様々で、なかには手数料が発生しない銘柄もあります。

 ### 日本株の配当は配当控除が受けられる

配当の課税方式を総合課税にすると、日本株の配当で配当控除が受け

られます。米国株やADRの配当には配当控除が適用されないため、その分だけ税制上有利になります。

　所得税の配当控除は一律10％です。申告分離課税（申告不要）を選択すると配当控除は受けられなくなります。

図5-8 日本株の配当にかかる所得税率

課税される所得金額	総合課税				申告分離課税（申告不要）
	所得税	復興特別所得税※	配当控除	合計	
195万円以下	5%	0.105%	10%	−4.985%	一律15.315%
195万円を超え330万円以下	10%	0.21%	10%	0.21%	
330万円を超え695万円以下	20%	0.42%	10%	10.42%	
695万円を超え900万円以下	23%	0.483%	10%	13.483%	
900万円を超え1,000万円以下	33%	0.693%	10%	23.693%	

※「所得税から差し引かれる金額」がゼロのときの税率

　図5-8の通り、総合課税と申告分離課税（申告不要）の所得税率が逆転するボーダーラインは、課税される所得金額900万円のところにあります。

　課税される所得金額が695万円を超え900万円以下だと、総合課税の合計が13.483％で申告分離課税の税率を下回ります。

　つまり日本株の配当税率のことだけを考えるなら、課税される所得金額が900万円以下のときに所得税の配当課税方式を総合課税にするといいわけです。

図5-9 日本株の配当にかかる住民税率

課税される 所得金額	総合課税			申告分離課税 （申告不要）
	住民税	配当控除	合計	
1,000万円以下	10%	2.8%	7.2%	一律5%
1,000万円超	10%	1.4%	8.6%	

　住民税の場合、配当控除は課税所得金額1,000万円以下で2.8%、1,000万円超で1.4%と決められています。

　総合課税の住民税率は一律10%なので、合計すると7.2%もしくは8.6%になります。対して申告分離課税（申告不要）は課税所得金額によらず一律5%です。つまり、配当控除を考慮しても総合課税より申告分離課税（申告不要）のほうが住民税の配当税率は低くなります。

　したがって、住民税の配当課税方式を決定するときは、米国株と同じように申告分離課税か申告不要のどちらかを状況にあわせて選択することになります。

 ## 配当金生活にADRと日本株を組み入れたときの配当税率

　米国株投資家のなかには、外国所得税0%のADRや日本株を保有している人も多いと思います。

　そこで、米国株80%、イギリスADR15%、日本株5%のポートフォリオで配当金生活を行うときに、配当税率がどうなるかシミュレーションしてみます。

　試算条件は、先ほど米国株だけでの配当金生活の配当税率を計算したときと同じにしました。配当内訳にADRと日本株が含まれている部分にだけ違いがあります。

試算条件

- 基礎控除 ： 48万円
- 社会保険料控除 ： 2万5742円（前年所得ゼロ）
- 配当以外の収入 ： なし
- 外国税額控除の繰越控除制度 ： 利用なし
- 住民税の課税方式 ： 申告不要

図5-10 配当内訳　米国株80％／英ADR15％／日本株5％のとき

配当収入	還付される所得税		配当税率 （所得税＋住民税）
	総合課税	申告分離課税	
100万円	~~139,892円~~	145,242円	11.78％
200万円	275,670円	~~206,864円~~	12.22％
300万円	413,505円	~~271,549円~~	12.22％
400万円	551,340円	~~336,234円~~	12.22％
500万円	733,503円	~~400,919円~~	11.33％
600万円	772,243円	~~465,604円~~	13.13％
700万円	810,983円	~~26,289円~~	14.41％
800万円	833,060円	~~18,974円~~	15.59％
900万円	841,170円	~~11,659円~~	16.65％
1,000万円	798,843円	~~4,344円~~	18.01％

　所得税の配当課税方式を総合課税と申告分離課税で、それぞれ還付額を記載しました。還付額が少ないほうは選ばないので見え消しにしています。

住民税の課税方式は、社会保険料の負担を最小限にするために申告不要を選択したものとして税率計算しました。

　年間配当500万円以下であれば単身世帯で配当税率12.22％以下になります。家族世帯であれば配偶者控除や扶養控除が適用されて、さらに配当税率は下がります。

　住民税は申告不要を選択することで前年所得がゼロになりますから、翌年の国民年金は全額免除、国民健康保険は7割免除が適用できます。

　結果として、単身世帯の社会保険料は年3万円以下、家族世帯（夫婦＋子ども1人）の社会保険料は年5万円以下まで抑えられます。

　仮に年間200万円の配当収入があれば、税金と社会保険料を差し引いても170万円以上は手元に残すことができるわけです。

　また、NISA口座を活用すれば5年で600万円分の非課税枠が使えるので、配当にかかる税率をさらに下げることも可能です。

 配当税率の比較

　米国株の配当収入だけのときと比べて、日本株とイギリスADRの配当を含んだほうが税制面で有利な結果が出ました。そこで、具体的に年間配当別の税率差がどれくらいなのか計算してみます。

図5-11 配当税率（所得税＋住民税）の差

配当収入	米国株100％	米国株80％＋英ADR15％＋日本株5％	差
100万円	14.22％	11.78％	2.44％
200万円	14.22％	12.22％	2.00％
300万円	14.22％	12.22％	2.00％
400万円	14.22％	12.22％	2.00％
500万円	14.22％	11.33％	2.89％

次ページへ続く

5

米国株と配当金生活

600万円	15.64%	13.13%	2.51%
700万円	16.93%	14.41%	2.52%
800万円	18.10%	15.59%	2.51%
900万円	18.67%	16.65%	2.02%
1,000万円	18.76%	18.01%	0.75%

　上記は図5-6と図5-10の税率差を比較したものです。配当金生活を前提とした試算結果ですので、配当収入しかないときの税率差になります。

　年間配当900万円以下のときに、イギリスADR15％＋日本株5％を混ぜることで配当税率が2％以上低くなりました。やはり配当の税制面では、外国所得税0％のADRや日本株のほうが有利です。

　一方で、ADRや日本株は米国株と違って25年以上連続増配銘柄が非常に少ないという欠点があります。

　ここまで解説してきたように米国株の配当税率は10％台後半のケースがほとんどです。税制上有利だからとはいえ、優良米国株以外の銘柄に無理して投資するほどのメリットではありません。

　したがって、ADRや日本株のなかから25年以上連続増配中の割安株が出てきたとき以外は、割安な優良米国株に投資するのが賢明な判断と言えます。

多様な生き方が選べる時代になっている

65％——この数字は今日生まれた子どもたちが将来働くとき、現在まだ存在しない職業に就く割合のことです。世界的に有名なダボス会議でも議題になりました。

ダボス会議というのは世界各国の首脳と世界的大企業の経営者が集まる世界経済フォーラムです。アメリカ大統領や日本の首相が過去に何度も出席してきた世界会議になります。

小学生のなりたい職業ランキングで上位にランクインするYouTuberは、ひと昔前まで存在しなかった職業です。

あのヒカキンがはじめて動画投稿したのが2007年のことで、それ以前はYouTubeで生計を立てる人はいませんでした。今やヒカキンの年収は10億円以上と言われています。

子どもたちは口を揃えて大人にはなりたくないと言います。大人たちがつらい顔で通勤する様子や働く姿を見ているからです。

ところがヒカキンのようなトップYouTuberは違います。いつも楽しく動画を撮ってサラリーマンでは到底稼げないような大金を稼ぎます。子どもたちはこの事実を知っているからこそYouTuberに憧れます。

高度経済成長の日本では、いい大学に入って、いい会社に就職するのが人生の正解とされてきました。ある意味とてもわかりやすいモデルがあったわけですね。

しかし現在は、このような常識が通用しなくなりました。時代の変化に適応できない日本の大企業が次々と業績悪化に直面し、事業縮小や人員削減を行うようになっています。

この本を書いている2019年は第4次産業革命の真っ只中です。複数の革命が同時並行で発生する時代に私たちは生きています。

産業革命の歴史

第1次産業革命 :	蒸気機関車（石炭）
第2次産業革命 :	機械化（石油・電気）
第3次産業革命 :	情報技術（インターネット）
第4次産業革命 :	人工知能（AI）、IOT、ブロックチェーンなど

第4次産業革命は、第1次〜第3次産業革命のような説明ができません。ある特定の領域に限った革命ではなく、あらゆる分野の革命が同時並行で起こるからです。

人類は未だかつて経験したことのない変化に直面しています。言うなれば、第1次〜第3次産業革命が同時に押し寄せているようなイメージです。かなりヤバいですよね。

当然のごとく変化のスピードはこれまで以上に速くなります。日本の伝統的な組織は意思決定に時間がかかるので、速い変化に対応するのが苦手です。一方、フットワーク軽く動ける個人にとって、ハイスピードな変化はチャンスが広がることを意味します。

もうすでにこれまで社会不適合者とされてきた人たちが新たな価値を生み出し、ガンガンお金を稼いでいます。YouTuberはその典型ですね。今後ますます価値観の多様化、需要の細分化が進みます。

第4次産業革命によって人が行う仕事量は確実に激減します。人が行うよりAIやロボットに任せたほうが低コストかつ効率的だからです。

もはや終身雇用を前提とした新卒採用がなくなるのも時間の問題でしょう。将来的にベーシックインカムが導入されれば、働くか働かないかを自由に選べる時代が到来します。

　嫌々働く人がいなくなって、好きで働く人しかいない世界です。考えるだけでワクワクしますね。

　投資で億単位の資産を築いても、将来が不安で嫌いな仕事を辞められない人がいます。一方で、資産が数千万円しかなくても迷わず仕事を辞めようとする人もいます。

　貯金が少なくても不安にならない人は、個人で世の中に価値提供できる実力があれば仕事はいくらでも生み出せることを知っています。

　なんたって、今日生まれた子どもたちの65％が現在まだ存在しない職業に就く時代に私たちは生きているのです。

　価値は時代とともに変化し続けるものです。高学歴であることや大企業の正社員であることは以前よりも確実に価値が下がりました。

　これまでとは違って正社員だから安心とか、立派な肩書きがあるから安心という時代ではなくなります。

　これからは自分に何ができるのか、世の中にどう価値提供できるのかの本質部分が問われます。だからこそ、主体的に好きなことを学び続けて世の中に価値提供できる存在であり続けることが、お金の不安から解放される本質的な解決策になります。

　もはや人生の正解は1つではなくなりました。これからは自分にあった生き方を選ぶことでしあわせになれる時代です。

　多様な生き方が当たり前のように実現できる時代になると思うとワクワクしますね。どんな新しい職業が生まれるか楽しみです。

あ と が き

　本書で意識してきたことは、とにかく本質をお伝えすることです。何年経っても通用する知識を届けたいという想いで執筆しました。

　これまでの人生で培ってきた知識と経験すべてを駆使して本質を詰め込むことができたと思います。

　米国株というニッチなジャンルで1冊の本を書くことは、一生に一度あるかどうかの機会です。

　今回が最初で最後になると思ったからこそ、この1年はブログの更新をほとんどせず、採算度外視で本書を書き上げました。2019年は日本で一番Form 8-Kを読み込んだ自信があります。

　確実な未来予測が不可能である以上、どんなに素晴らしい銘柄でも将来のことは誰にもわかりません。ゆえに、ある特定の複数銘柄に固定して無条件で長期投資を続けてしまうと、時代の変化に対応できないリスクが出てきます。

　本書で紹介してきた25年以上連続増配銘柄だけに投資対象を絞ることは、保有株の連続増配記録が途切れたら無条件で売却することでもあります。このルールは世界にどんな変化が起きても柔軟に対応できるため、時代を超えて優良株に投資し続けるための原則とも言えます。

　米国株には長期的に増配を続けてきた銘柄が豊富に存在します。25年以上連続で増配を続けてきた日本株は花王（4452）1銘柄だけなのに対し、米国株では130銘柄以上もあります。

　これら25年以上連続増配銘柄の割安株に均等分散投資する方法は、

多少の手間がかかりつつもインデックス投資より低リスクかつ高リターンが期待できます。

　世の中にはインデックス投資のリターンでは物足りないと感じる人が大勢いるはずです。しかし、大半の個人投資家は大きなリスクを取れないがために消去法で仕方なくインデックス投資を選択することが多いと感じてきました。

　そんな大きくリスクを取れない平凡な個人投資家でもインデックス投資以外に選択できる投資法があることを本書で理解していただけたなら、著者としてうれしい限りです。

　2016年4月にブログ『複利のチカラで億り人』を始めたときは、まさか自分が本を出版することになるなんて夢にも思っていませんでした。

　今振り返ると、自らの意志で主体的な人生を選んできた結果、様々な偶然が重なったのだと気づきます。

　主体的に生きることの価値が、これまで以上に高くなったことを実感しました。ワクワクできる生き方を目指すことで長期的な成長に繋がり、様々なメリットがもたらされる時代です。

　人生100年時代が到来すると言われる昨今、年金の支給開始年齢が徐々に引き上げられ、サラリーマンの終身雇用や定期昇給も当たり前ではなくなりました。これからは年功序列と対極の成果主義が主流になります。

　もともとブログを始めようと思ったのもサラリーマンだけやっているようでは、いずれジリ貧になるという危機感を覚えていたからです。どのみち市場価値の高い人材になれないと、資本主義社会の負のループから抜け出せないと考えていました。

　ブログを始めた当初は500文字書くのも大変でした。やっとの思いで書けたとしても、そこに並んでいるのは意味不明な文章ばかりです。

とはいえ、サラリーマンを定年まで続ける気はさらさらなかったので、ブログこそ本業のつもりで粘り強く取り組みました。

　人と比べることなく、自分の目標に近づけているかを意識して続けているうちに、いつしか少しずつ多くの人に読んでもらえる記事が書けるようになっていました。無理のない範囲でマイペースに取り組めたのがよかったのだと思います。

　ブログを始めたことで、金融資産を増やす以上に大切なものがあることに気づきました。それは無形資産の存在です。

- 有形資産　：　お金／株式／債券／不動産／ゴールド
- 無形資産　：　健康／知識／スキル／信用／時間／人脈／経験／フォロワー

　無形資産は他者が奪い取ることはできません。文字通り物質的なモノではないからですね。

　有形資産は予期せぬ災害や窃盗などで失う可能性が多少なりともあります。仮に数億円規模の有形資産を手に入れることができたとしても、それだけでは本当の意味で安心できる状態とは言い切れないでしょう。

　万が一、有形資産のほとんどを失ってしまったとき最後に残るのが無形資産です。極論、有形資産をすべて失ったとしても価値ある無形資産を身につけていれば、またやり直すことができます。

　そしてもう1つ、無形資産のいいところは税金がかからないことです。累進課税だと最大50％近くの税金がかかる有形資産に対し、無形

資産は短期間で多くの価値を手に入れても全部自分のもとに残ります。

　だからこそ、本当の意味で安定した人生を送るには有形資産への投資だけでなく無形資産への投資も必要だと考えるようになりました。有形資産と無形資産の同時運用ですね。

　無形資産への投資でコスパがいいのは、なんといっても読書です。読書量が多ければ多いほど年収が高くなる傾向にあることが科学的なデータとしても出ています。

　そもそも、本の価値というのは明らかに定価より高いものばかりです。「本の価格＜本の価値」の図式が成り立つのは、実際に本書を書いた経験からも身に染みてわかります。つまり、本を買って読むことは無形資産のバリュー投資になるわけですね。

　今回、本書を書く最初のきっかけを作ってくださったのが、玉川陽介さん（コアプラス・アンド・アーキテクチャーズ株式会社）です。玉川さんの紹介がなければ本書が誕生することはありませんでした。

　そして、米国株というニッチな分野のなかでもさらにマニアックな本の出版にGOサインを出してくださった技術評論社のおかげで、これまでにない1冊を世に送り出すことができました。

　1冊の本を1人で書くという貴重な経験をさせていただいたことで、大きく成長することができたと思います。素晴らしい機会をくださいまして、本当にありがとうございました。

2020年冬
ひろめ（複利のチカラで億り人）

■著者紹介

ひろめ（複利のチカラで億り人）

1980年代生まれ。千葉県浦安市出身。浪人生活を経て地方国立大学の理系学部に進学。最終学歴は国立大学大学院（博士前期課程）修了。社会人になって二度の転職を経験し、サラリーマンからの脱却を決意。自身のような給与所得に頼らない自立した生き方を目指す人を応援している。

2014年から資産運用を開始。2015年から本格的に米国株への投資にシフトする。2016年4月から個人投資家の資産形成を応援するブログ『複利のチカラで億り人』の運営をスタート。「本当の意味で読者のためになる情報を届ける」をモットーに、資産運用、アーリーリタイア、節約術などについて発信している。

投資スタイルは、米国株×バリュー投資×連続増配銘柄。割安な優良米国株への均等分散投資を軸に手堅い運用を心がける。運用成績・保有銘柄はブログにて公開中。

■ 複利のチカラで億り人
URL：https://hiromethod.com/

● カバーデザイン   TYPEFACE
● 本文デザイン／レイアウト   BUCH+

〒162-0846
東京都新宿区市谷左内町21-13
（株）技術評論社　書籍編集部
『バリュー投資家のための
「米国株」データ分析』質問係

FAX　03-3513-6183
Web　https://gihyo.jp/book/2020/978-
4-297-11026-0

バリュー投資家のための
「米国株」データ分析

ひと握りの優良株が割安になるときの見分け方

2020 年 2 月 7 日　初版　第 1 刷発行
2020 年10月17日　初版　第 3 刷発行

著　者	ひろめ
発行者	片岡 巌
発行所	株式会社技術評論社
	東京都新宿区市谷左内町 21-13
	電話　03-3513-6150　販売促進部
	03-3513-6166　書籍編集部
印刷／製本	日経印刷株式会社

定価はカバーに表示してあります。

ISBN978-4-297-11026-0 C2034
Printed in Japan